मनसा

– मन मीरा तन कृष्ण

मनीषा शर्मा

true
DREAMSTER PRESS

Published By

True Dreamster Press

ISBN: 978-93-6288-997-3

MRP: Rs.349/-

Printed in India

मेरे कुछ चुनिंदा साथियों को,
मेरी बिटिया पाखी को,
बनारस के घाटों को,
बरसाने की गलियों को,
और हरसिंगार के फूलों को—
सप्रेम समर्पित।

मैं अपने कुछ चुनिंदा साथियों का हृदय से धन्यवाद करती हूँ, जिन्होंने हर समय मुझे बेहतर की ओर प्रेरित किया और कठिन क्षणों में मेरा हाथ थामे रखा।

माता-पिता का आभार व्यक्त करना ऐसा है जैसे सूरज को दिया दिखाना—जो कुछ भी मुझे मिला, वह उनके प्रेम, मार्गदर्शन और आशीर्वाद के बिना संभव ही नहीं था।

मेरे दोनों बच्चों को अनंत धन्यवाद—जिन्होंने मुझे केवल माँ नहीं बनाया, बल्कि मेरे सपनों की साथी भी बने। अपनी-अपनी दिशाओं में उड़ान भरते हुए उन्होंने अपने क्षेत्र में सफलता पाई और मेरे मातृत्व को अर्थ दिया। मेरी अधूरी रह गई इच्छाओं को अपनी समझ, अपने धैर्य और अपने प्रेम से पूरा करने का साहस दिया।

पौलोमी का विशेष आभार, जिनसे मैं कभी मिली नहीं, पर जिन्होंने मेरी कविताओं को आगे बढ़ाने का संकल्प लिया और इसे अपना समझकर मुझे लगातार याद दिलाती रही। उनके सहयोग के बिना यह यात्रा संभव नहीं थी।

मेरी यात्राओं का भी अद्भुत योगदान रहा, क्योंकि यात्राएँ हमें जीवन के अनुभवों और सीखों का अनमोल खजाना देती हैं। और अंत में, मेरे प्रेम और श्रद्धा के आधार बने "श्री हरि" का हृदय से आभार, जिन्होंने इस यात्रा में मेरे सारथी बनकर हर कदम पर मार्गदर्शन दिया और मुझे स्थिरता और शक्ति दी।

- मनीषा शर्मा

लखनऊ

मन मीरा, तन कृष्ण

यह किताब
लिखी नहीं गई
जी गई है

यह उन स्त्रियों को समर्पित है
जो प्रेम करती हैं
पर स्वयं को खोकर नहीं
जो मीरा की तरह समर्पित हैं
पर अपनी धुन में मगन

मन ने मीरा होना चुना
भक्त, जिज्ञासु, अडिग।
तन ने कृष्ण को माना
सौंदर्य, छल, सत्य

इन कविताओं में
प्रेम है
पर अधिकार नहीं
विरह है
पर शिकायत नहीं

यह मन_सा है
एक स्त्री का मन,
ज़ो हर टूटन के बाद
अपने ही भीतर
एक नया मंदिर बनाता है
और अपने प्रिय को देवता!

भूमिका

कभी सोचा नहीं था कि मेरे भीतर उगते शब्द किसी पुस्तक का रुप ले पाएँगे। आज भी कई भाव ऐसे हैं, जो मन की गहराइयों में चुपचाप बसे हैं...न बोले गए, न लिखे गए।

जीवन हमें कई रूप दिखाता है...कभी पूर्ण शांत, तो कभी तीखे ज्चार की तरह उथल-पुथल भरा। इन दोनों अवस्थाओं से हम तभी पार जा पाते हैं, जब भीतर धैर्य का एक स्थिर आधार खड़ा हो।

शायद ईश्वर ने मुझमें सब्र भरपूर इसलिए ही दिया कि मैं अपने कार्य को पूर्ण रूप से कर सकूँ यह गुण मुझे विरासत में मिला है, अपनी माँ से जिन्होंने मौन में सहना और प्रेम में निभाना सिखाया। अक्सर लोग पूछते है, क्या यह सब कल्पना है?

काश मैं कह पाती -हाँ

लेकिन प्रेम कभी काल्पनिक नहीं होता। वह हर शब्द, हर साँस, हर खामोशी में अपने आप को दर्ज कर देता है।

यदि इस पुस्तक की पंक्तियाँ पढ़ते हुए आप मेरे भावों को ज़रा-सा भी महसूस कर सके, तो मेरे लिए यही इस यात्रा का सबसे सुंदर प्रतिफल होगा।

यह किताब नहीं...एक यात्रा है।

एक ऐसी यात्रा, जिसमें कभी सुख के हल्के-फुल्के छींटे पड़े, तो कभी दुख के बादल घुमड़-घुमड़कर बरसते रहे।

लेकिन कलम की यह यात्रा अनवरत चलती रही।

उपहास, तानों और व्यंग्य-बाणों को चुपचाप सहते हुए भी वह अपने रास्ते पर बढ़ती रही।

प्रेम का भाव ही ऐसा होता है—मीरा-सा।

निस्वार्थ, अडिग, अटल।

जो टूटता नहीं—बस भीतर और गहरा, और सच्चा होता जाता है।

अभी हाल ही में बरसाना होकर लौटी हूँ, और जीवन जैसे एक नए मोड़ पर आ खड़ा हुआ है।

कई बरसों से भीतर अटकी हुई बातों, भावों और बोझों से मानो एक अदृश्य मुक्तिबोध मिला।

तभी सोचा...शायद अब इन पंक्तियों को भी एक नाम देने का समय आ गया है...

और शायद कलम को एक सौम्य-सा विराम देने का भी।

जब कोरे पन्ने पर आती है कोई कविता

मेरे सिरहाने सिर्फ़ तुम ही होते हो

जैसे तुम ही तय करते हो

कहाँ रुकना है, कहाँ थमना है

कौन-सी पंक्ति फुसफुसाहट बनेगी

कौन-सी एक ठहरती हुई सिसकारी।

मैं बस कलम पकड़े रहती हूँ

कविता तो तुम ही लिखवाते हो

अब जबकि शब्द रुठ रहें हैं

इसका निर्णय भी तुम्हारा है

मेरी रुह के एकांत में

अपने होने की आहट छोड़ते हुए।

- मनीषा शर्मा

लखनऊ

उसने कहा—मेरे पास शब्दों के सिवा है ही क्या

मैंने कहा—तुम्हारे पास कविता है और प्रेम भी

सुनते ही उसके होंठों पर उगी हँसी

और पलकों पर रौशनी

अब उसके पास सबकुछ था...

अनुक्रमणिका

अनछुआ

हाँ, मैं नहीं खुलती जल्दी किसी से...
मुझे थोड़ा वक़्त लगता ही है।
पर तुमने कैसे जान लिए
मेरी ज़िंदगी के छोटे-छोटे फ़लसफ़े?

शायद मैंने ही अनजाने में
कुछ ज़्यादा कह दिया होगा...
क्योंकि अभी तो बहुत कुछ था
जो कहना बाकी था—
तुमसे, तुम्हारे बारे में।

तुम शायद जल्दी में थे,
रंगों की चकाचौंध में लौट जाने को –
प्रेम धीमी आँच पर ही पकता है न?

तुम्हें ठहरना था प्रिय
मैं तो तुम्हें पूरा पढ़ गई,
और तुम...
मेरी बहुत सी पंक्तियां छोड़ गए।

तुम्हारे बाद

काफ़ी दिनों बाद ट्रेन में यात्रा करते हुए-
सारी यादें ताज़ा हो गईं
पटरियों की आवाज़
धीरे धीरे गुज़रते स्टेशन
तुम्हारी किताब में डूबी मैं
सहयात्री आपस में पूछ रहे थे
अगला स्टेशन कौन सा आएगा
उसके बाद कौन सा?
मैं.. तुम्हें सोच रही थी
कि मेरे लिए तुम्हारे बाद"
कुछ आता ही नहीं

सिंदूर

अब हम मिलेंगे तुमसे
किसी अगले जनम में।
अंतर बस इतना होगा—
इस बार शर्तें हमारी होंगी।

न सुनसान सड़कों पर,
न किसी चौबारे की ओट में—
अग्नि की वेदी पर
तुम्हें थामना होगा मेरा हाथ।

तभी रोक पाऊँगी तुम्हें
अपने पूरे हक़ से,
अपने पास...
सदैव के लिए।

और सुनो,
इस बार सफ़ेद रंग नहीं—
तुम लाल रंग बनकर आना।

प्रेम और ईश्वर

तुम्हारे चुप हो जाने पर, लोग
अलग-अलग मतलब निकालेंगे।
तुम बस एक हल्की-सी मुस्कान से
उन्हें टाल देना।

जिस वक़्त तुम अकेली लड़ रही थीं,
जहाँ एक रिश्ता आख़िरी साँसें गिन रहा था
और तुम उसे बचाने में टूट रही थीं—
वो कैसे समझ पाएँगे तुम्हारा दर्द?

तुम पर फ़िकरे भी कसे जाएँगे,
तोहमतें भी लगेंगी,
क्योंकि उन्हें तुम्हारा सब्र मालूम है—
तुम टूटकर भी कुछ नहीं कहोगी।

पर शायद... कभी किसी रात,
उनके दिल के किसी कोने में
एक टीस उभरेगी—
कि उन्होंने ही तुम्हारे हृदय से
प्रेम की जड़ उखाड़ दी,
और एक चहकती हुई लड़की
धीरे-धीरे ख़ामोश हो गई।

सुनो,
क्या तुम ईश्वर से नज़र मिला लेते हो?

अंतिम विदा

जब साँसों की डोर टूटने लगेगी,
डबडबायी आँखें तुम्हें ही ढूँढेंगी।
तुम ज़रा-सा झाँक लेना इनमें—
शायद कुछ तैरते हुए
सुख–दुःख मिल जाएँ तुम्हें।

सारी अधूरी बातें पिरोकर
एक ख़त लिखा था मैंने...
उसे पढ़कर आहत मत होना—
बस इतना-सा वादा करना
कि तुम उन्हें कविताओं में ढाल दोगे।

और सुनो,
विदा के उन अंतिम पलों में
तुम मेरे जीवन में
थोड़ा-सा जीवन लेकर आना।

पारिजात

कहाँ चाहा था तुमसे
सुर्ख़ गुलाब या गुड़हल-सा इश्क़?
तुम सादगी के क़ायल थे–
और हम, बस तुम्हारे।

तुम मेरे घर आना
अक्तूबर की हल्की ठंडी शाम बनकर।
दहलीज़ पर पारिजात मिलेगा तुम्हें,
उसकी ख़ुशबू से लिपटकर
हम रचेंगे कुछ नई कविताएँ।

और अगर किसी सवेरे तुम आओगे–
तो बिछा मिलेगा
फूलों का वही उजला रास्ता
जो तुम्हारे लिए ही है।

सुनो,
तुम मेरे जीवन का सफ़ेद रंग हो–
शांत, निर्मल, अनंत।
और मैं...
तुम्हारे जीवन की
बस एक बूँद भर सिंदूर।

कच्चा प्रेम

जब भी मैं कविता लिखती हूँ,
तो उदासी ही उतर आती है।
मैं क्यों नहीं लिख पाती
हमारे वे सुंदर पल—
जो हमने साथ बिताए थे?

क्यों मेरी कलम
तुम्हारी बेरुख़ी को चुन लेती है...
सुनो,
मैं दुनिया से कहना चाहती हूँ—
तुम वाक़ई एक अच्छे प्रेमी हो,

बस...
प्रेम थोड़ा कच्चा-सा करते हो।

अलविदा की तासीर

अंतिम मुलाक़ात के पल
हमेशा बेशकीमती होते हैं।
जब तुम मिलना...
तो रोक लेना ज़रा-सा वक़्त—
तुम्हारे लिए नहीं,
मेरे लिए।

कह देना अलविदा
बिना किसी संशय, बिना संकोच—
तुम्हें पूरा हक़ है
मेरा दिल दुखाने का,
और ये हक़
मैंने ही तुम्हें दिया है।

जब तुम्हें मेरी याद आएगी,
हम तब तक बहुत दूर
बहुत पीछे छूट चुके होंगे।
कहीं भी—भीड़ में,
या किसी तन्हाई के कोने में...
सुनो,
तब मेरी कविताएँ पढ़ लेना।

इनमें तुम्हारे सिवा
कुछ भी नहीं है—
और दर्द की तासीर में
तुम मुझे पा लोगे—
स्थिर... शांत...
मगन...
तुम्हें रचती हुई।

जुगनुओं की यादें

तुम्हारी उदास नज़्म
भर देती है
मेरी आँखों में जुगनू–
जो झिलमिला उठते हैं
उन शामों की याद में
जो हमने साथ बिताई थीं।

तुम्हारी हथेलियों की पकड़–
मानो पूरी कायनात हो।
तुम्हारा बात करते-करते
अचानक चूम लेना...
और कभी यूँ ही
उलझ जाना
मेरे पाँव के काले धागे से–

सब कुछ
उसी नज़्म में
धीमे-धीमे फिर से जी उठता है।

श्वेत -श्याम

वो इंद्रधनुष से रंग उधार लाता-
लेकिन अपने जीवन के कैनवास पर
श्वेत-श्याम ही देखता था

जहाँ से गुज़रता-
रंग बिखेर आता
पर उसकी हथेलियाँ
हमेशा खाली ही रह जातीं

फिर एक दिन मुझसे मिला-
मैंने हिना-रंगे हाथों की महक
उसकी आँखों पर रख दी

उसने बस कहा-
"तुम पहले क्यों नहीं मिलीं"?

नई मैं

आईना पहले सा नहीं रहा
धूल की परतें अब जमने लगी हैं
उसे जब भी साफ़ करती हूँ
एक नई लड़की सँवरने लगी है

तुम फिर वैसे ही आए
मेरी कविताओं में रंग भरने
माना, ये अब भी थोड़ी कच्ची हैं
पर पंखों में हवा भरने लगी हैं

जो बिखरती थी ज़र्रा-ज़र्रा
वो अब हवाओं से बातें करने लगी है।

यादों के सिक्के

प्रेम में जब कोई टूट जाता है,
तो वह दोबारा प्रेम की तलाश नहीं करता –
वह अपना बचपन ढूँढता है...

शायद किसी कोने में मिल जाए
छुपाए हुए कुछ सिक्के,
या पुरानी किताबों के पीछे
किसी पन्ने पर बना छोटा-सा कार्टून,

या कोई पुरानी तस्वीर –
जिसे देख वो मुस्कुरा सके।

जो लिख सको मुहब्बत

जो लिखो मुहब्बत
तो वो सुनहरी रात लिखना
सुर्ख़ होते गाल
लबों पर तुम्हारी बात लिखना
तुम्हारी छाती का तिल
मेरी उँगलियों के जज़्बात लिखना
मेरे खुलते बाल
तुम्हारे बिखरते हालात लिखना
तेज होती धड़कनें
हाथों में कसते हाथ लिखना
जो लिख सको मुहब्बत ......

हँसी का बोझ

वो जो हँसते हैं
मोहब्बत पर मेरी,
वो जो बनातें हैं बातें
इस बेबसी पर मेरी—

वो जो कसते हैं ताने
मेरी हल्की-सी मुस्कान पर,
काश ज़ख़्म जो हमने दिखाए होते
या तुमने सुनी होती वो चीख़ें
जो दबी हैं मेरे सीने के अंदर।

जिन्हें दफ़्न कर
हमने ठहाके लगाए हैं—
अगर तुमने सच में
ये सब महसूस किया होता...

तो मेरी हँसी पर
सबसे पहले
तुम ही रोते..!

वही तुम

फिर एक वक़्त बाद मिले तुम
वहीं... जहाँ खोया था तुम्हें
सामने से दुशाला ओढ़े आते
बगल में बैठकर दिल खोलकर बतियाते,
मेरी खामोशी पर हल्का-सा खिसियाते,
कभी चुपके से गालों पर थपकी लगाते

मुझे लगा था—सब बदल चुका होगा
पर कुछ नहीं बदला-यक़ीन मानो
बस तुम दिखते तो हो मगर होते नहीं!

अनदेखा

तुमने देखा
मेरा शर्माना
मेरा प्रेम जताना
मेरा चहकना
मेरा सँवरना

तुमने नहीं देखा
मेरा बिखरना
मेरा बिलखना
या यूँ कहूँ कि
मैंने तुम्हें देखने नहीं दिया।

एहसास की शर्त

नहीं समझ आतीं तुम्हारी
उलझी-उलझी सी बातें...
तुम हो चाहे
या तुम्हारी कोई पुरानी नज़्म—
मुझे महसूस न हों
तो वो मेरी नहीं...

और तुम कहते हो
कि पढ़ लेते हो
मेरी हर बात
मेरी आँखों की लिपि से—
जिस घड़ी तुम्हें महसूस न हो
तो फिर मैं... तेरी नहीं।

तुम बस मेरे नहीं

बहुत दिनों बाद
कुछ पढ़ने का मन किया,
तो तुम्हारी बातें पढ़ने बैठ गई।

पुरानी यादें
बिल्कुल सामने से गुज़रती रहीं—
कभी गुनगुनाती,
कभी मुस्कुराती
तुम्हारी ही बातें।

और फिर एक पंक्ति पर
आँखें भर आईं—
"अब तो मैं तुम्हारा ही हूँ।"

अनसुनी प्रार्थना

एक तुम हो—
जो मुझे ये कहते-कहते थक गए हो
कि "जो ईश्वर करेंगे, ठीक करेंगे।"

और एक ईश्वर है—
जो कुछ बोलता ही नहीं...
शायद उसे भी
मेरी प्रिय वस्तुओं से
कुछ ज़्यादा ही प्रेम है।

तुम्हारी मनसा

ये ख़ाली रास्ते,
ये सूनी आँखें—
सब गवाह हैं
मेरी बेबसी के।

मेरे शहर का मौसम
अब बैंगनी हो चला है;
नीले गुलमोहर ने
दर्द ओढ़ लिया है।

तुमने कहा था कभी
कि तुम आओगे यहाँ—
दिसंबर में जहाँ
गर्मियाँ उतर आती हैं,
और खिलते हैं
लाल हॉली के फूल।
तब शायद कोई बैंगनी फूल
लाल गुलमोहर हो जाए—
तुम्हारी मनसा बनकर।

भारी होता प्रेम

उसने मेरी हथेली पर
एक फूल रख दिया—
और मैं बहुत ख़ुश थी,
मानो कोई अनकहा वादा
मुझे थमा गया हो।

पर वो भूल गया
उसे निहारना,
उसे सींचना,
उसका ख़्याल रखना।

हथेली पर रखा फूल भी
एक वक़्त बाद भारी हो जाता है
जब उसे यूँ ही
छोड़ दिया जाए।

मेरे आँसुओं की नमी भी
धीरे-धीरे उसे
जला गई।

वो फूल—
प्रेम का था।

शरद पूर्णिमा

सुनो,
आज शरद पूर्णिमा है
आज चाँद सोलह कलाओं
से पूर्ण होगा
तो तुम आओगे क्या
तुम करना मीठी बातें
मैं खीर बनाऊँगी
हम छत पर साथ बैठेंगे
तुम देखना चाँद
और मैं तुम्हें..!

आहट

यादों की अलमारी से
झरेंगे कुछ लम्हे,
तुमसे मुलाक़ातों के
अपनी सी लगती बातों के,
आँगन में फूलेगा
पसंदीदा हरसिंगार,
रसोई में जायका बढ़ायेंगी
तुम्हारी सारी नज़्में,
शामें महकेंगी
तुम्हारे स्पर्श की नमी से,

उठ जाओ लड़की
नई मुस्कान बोनें का मौसम लौट रहा है ...

इश्क़ और बनारस

फिर एक शाम मणिकर्णिका घाट पर,
अंतिम सफ़र की राहों के बीच,
नई ज़िंदगी की रोशनी संग,
तुम मुझे मिलना...

बस इतनी इजाज़त देना,
कि तुम्हारे काँधे पर सिर रख सकूँ।

हम मौन ही रहेंगे—
शब्दों की कोई दरकार नहीं...

और उसी घाट पर,
तुम मेरे प्रेम का तर्पण कर देना।

शरारतें

कभी-कभी उलझना भी अच्छा लगता है,
जैसे तुम्हारी उँगलियों का
मेरे बालों में खो जाना
या मेरे बालों का
तुम्हारे कोट के बटन में अटक जाना

बस ये उलझनें
शिकन नहीं देतीं
इन्हें यादकर अक्सर मुस्कुरा जातीं हूँ
जो कहतीं हैं
कि मोहब्बत की गिरहें
कभी खोली नहीं जातीं,
बस निभाई जाती हैं।

मैं कवि नहीं

मैंने कभी चाहा ही नहीं,
कि कवि का दर्जा मिले
मुझे नहीं आते महंगे शब्द,
न बहर, न मीटर, न कोई लय का वास्ता

मैं तो बस बाँधती हूँ –
कुछ अधपके, अनकहे शब्द,
जो कहने थे मुझे प्रिय से

शायद कोई ऐसा पुल बन सके,
जो उस तक पहुँचता है

मुझे तुम पढ़ना,
कवि के रूप में नहीं,
-प्रेयसी के रूप में।

गुलज़ार

गुलज़ार-सा लिखती है वो
लफ़्ज़ उसके हवा में तैरते हैं
हर जुमला उसका
मुझे अचरज में डाल देता है

जैसे कोई आइना दिखा रहा हो
और फिर बेपरवाह-सी हँसी में
कंधे उचकाकर कह जाती है
"तुम पर ही तो लिखती हूँ"

मैं सोचता हूँ
क्या मैं ही वो किरदार हूँ?
या फिर उसकी कलम का
एक मासूम अल्हड़पन।

छोटी सी बिंदी

मैंने एक दिन पूछा
मुझ पर क्या अच्छा लगता है?

बोला,
यूँ तो सब ही ठीक है
पर साड़ी में
तुम बेहतरीन लगती हो।

मैंने कहा
तो बालों का क्या करूँ?
जूड़ा बनाकर
सफ़ेद गजरा सजा लूँ?

बोला,
नहीं...
बालों से कोई छेड़छाड़ नहीं
उन्हें बिखरना ही चाहिए
चाहे कोई भी लिबास हो।

मैंने मुस्कराकर फिर छेड़ा
फिर आँखों में काजल
तो होगा ही न?

बोला,

नहीं...

तुम बात-बात में

समंदर भर लेती हो

रो पड़ीं तो

सब बह जाएगा।

फिर धीरे से कहा

बस एक काली बिंदी लगा लेना

सारी कायनात

उस छोटी-सी गोल दुनिया में

अपने आप सिमट आएगी।

प्रेम का भोग

मेरी कविताओं में सदा
तुम्हारे हाथों का स्पर्श रहा,
जब मैं नहीं रहूँगी–
इन पंक्तियों से उठेगी
हमारे प्रेम की ख़ुशबू।

और जिस दिन मैं
ईश्वर के दर पर पहुँचूँगी,
उनके चरणों में रख दूँगी इन्हें–
भोग की तरह।

सितारे

हरसिंगार ____

सुबह की ओस में भीगी धरती पर
जब ये चुपचाप उतरते हैं,
मेरा मन ठहर जाता है।

मेरा इन महकते हुए सफेद सितारों से
बस इतना रिश्ता है,
कि इन्हें जब किसी और कविता में देख लेती हूँ,
तो लगता है—
किसी ने मेरी कविता चुरा ली।

मन की साँझ

शाम ढल रही है
या मेरा मन
धूप आँगन में उतरी है
सुनहला, शांत रंग लेकर
चिड़ियों ने रुख़ मोड़ लिया है
घरौंदे की ओर
मेज़ पर मेरी अधखुली डायरी
चाय के प्याले से दोस्ती निभा रही है
चाय पर परत चढ़ने लगी है
शायद मेरे शब्दों पर भी
तुम आओ न एक बार
मेरी अधूरी कविता को
पूर्णविराम देने ।

देर ही सही

वो यूँ तो पत्थर न बना होगा,
कुछ तो तुमने भी उसे छुआ होगा।

इश्क़ में दर्द सहना भी मंज़ूर किया –कि...
मन तुम्हारा भी कभी शिव-सा हुआ होगा।

दिल ने उसे समझने में उम्र लगा दी,
सोचो... कितना गहरा भरम पला होगा।

राह से उसने नज़र न हटाई कभी—
देर से सही, पर लौटकर आता तो होगा।

वादा किया था उसने मिलने का—
भूल गया या भूला दिया होगा।

नाम या नूर

मेरे हाथ पर चाँद है,
तुम्हारा नाम लिख सकूँ,
ये तो ज़रा मुश्किल होगा,
सो चाँद बना लेती हूँ।

चाँद भी एक है,
और तुम... एक ही हो।

शुक्रिया तुम्हारा

तुम्हारा शुक्रिया
मेरी उस हँसी के लिए
जो दिन उदासी से भरा था

तुम्हारा शुक्रिया
मेरी प्यारी कविताओं के लिए
जो तुम्हारी बातों से निकलीं

तुम्हारा शुक्रिया
मेरी उन यात्राओं के लिए
जो तुमसे जाकर जुड़ीं

तुम्हारा शुक्रिया
मेरे उन रंगों के लिए
जिसे छूकर मैं खिली इंद्रधनुष सी।

पंखों की क़ीमत पर

स्त्री में खो जाने का भय आया नहीं
उसे यकीन था कि खो ही जाना है
ब्याह के बाद माँ के घर का सुख
गर्भधारण के बाद सौंदर्य
अपने पंखों को कुतरकर
बुनती रही नया सुख ससुराल में
सौंदर्य खोकर ममता में विह्वल हुई
बच्चों के सपनों को आसमान दिया
इस तरह खोते हुए भी वो थामे रही अपना संसार।

साथ का स्वाद

चाय अब अक्सर ठंडी हो जाती है,
शायद उसमें हमारी बातें नहीं घुलतीं।
अदरक और इलायची की ख़ुशबू
मन को वैसे नहीं बहलाती।

उसका सलोना रंग भी अब,
दिल के तारों को नहीं छेड़ता...
जैसे जगह तो वही है, पर
संग का स्वाद कहीं खो गया हो।

रिहाई

सब पहले-सा नहीं रहा...
याद आता है—
मेरी मेहँदी का रंग
तुम्हारे चेहरे पर उतर आना,
मेरे गेसुओं में तुम्हारा ठहर जाना,
नींद से बोझिल आँखों पर
तुम्हारे लबों की नर्मी,
पीले गुलाब की महक,
और शाम ढलते ही
दिल का अचानक तेज़ धड़कना।

अब तो तुम्हारे स्वप्न भी
रूठने लगे हैं मुझसे—
जाओ...
आज मैंने तुम्हें
रिहा कर दिया।

सुनो तुम

ओ साहेब...
दूरियाँ भले भौगोलिक हों,
पर मेरा मन तो अब भी
तुम्हारे ही गीत गुनगुनाता है।

ये कलम भी तुम्हारी ही आकृति रचती है,
तुम्हारे ज़िक्र पर
दिल आज भी यूँ ही धड़क उठता है,
और ये आँखें—
जानती हो?
अब भी तुम्हारी ही राह ताका करती हैं।

अजीब नहीं लगता तुम्हें?
कि जो कुछ मेरा था—
वो धीरे-धीरे, ख़ामोशी से,
सारा तुम्हारा होता जा रहा है।

भीगे बालों वाली लड़की

किसी मुँडेर पर बैठकर,
बारिश में भीगती हुई मुस्कुराती हूँ,
अचानक तुम सामने आ जाते हो,
किसी ज़िद्दी बच्चे की तरह,
आँखों में शरारत लिए
मुझे याद आता है
तुम्हारा ये कहना—कि
"भीगे बालों वाली लड़की
एक तस्वीर भेजोगी क्या?

जाड़े की हँसी

जाड़े की उस रात,
मैंने स्वेटर खींचकर उँगलियाँ अंदर छिपा ली थीं।
ठिठुरती बेंच पर,
तुमने शॉल की तरफ़ इशारा किया और कहा—
"आ जाओ!
दो लोग तो ओढ़कर बैठ ही सकते हैं।"

गलन भरे माहौल में भी,
मेरे माथे पर पसीने की बूँदें उभर आईं,
और हम दोनों हँस पड़े...
हँसी में भी, उस रात की गर्माहट थी।

तुम्हारे ख्याल

जैसे लौट आते हैं पंछी
शाम को घरौंदे में...
जैसे घुल जाते हैं रंग
शाम को सिंदूरी से...
जैसे चल पड़ते हैं दिलजले
शाम को मयखाने की ओर...
जैसे राह देखती है माँ
शाम को दरवाज़े पर एकटक...
तुम्हारे ख़यालों से मेरा कुछ ऐसा ही रिश्ता है।

बिछड़नें

कुछ बिछड़नें
शांत और स्थिर होती हैं।
उन्हें नहीं चाहिए कोई प्रमाण,
न अंतिम बार हृदय से लगना।

उन्हें चाहिए होता है
अपने प्रेम का सम्मान,
वो कोलाहल से दूर रहकर
कुछ पलों के प्रेम को
जीवित रख पाती हैं...
अपनी कविताओं में।

दहलीज़ पर रखी यादें

एक दोपहर,
घर के सन्नाटे से बात करते हुए
तुम्हारी पायल के चार घुँघरू
कभी बेचैनी, कभी सुकून बनकर
कुछ न कुछ तलाशते से लगते हैं।

एक ही ज़िंदगी में
कितनी दिशाएँ चुन लेते हैं हम—
मिलते ही फ़ुर्सत,
और फिर लौट पड़ते हैं
अपनी-अपनी ज़िम्मेदारियों की तरफ़।

और जब लोग कहते हैं—
“अब तो तुम पूरी तरह आज़ाद हो,”
तो मैं बस मुस्कुरा देती हूँ...
अभी उनके घोंसले आबाद हैं।

निशानियाँ

प्रेमिकाएँ लापरवाह होती हैं—
छोड़ जाती हैं प्रेमी के पास
अपनी यादों के रूप में
गेसुओं की हल्की-सी ख़ुशबू,
शीशे पर भूल गई काली बिंदी,
कभी चाँदी की पायल,
कभी कोई चूड़ी।

और प्रेमी?
वो छोड़ आते हैं पीछे
वे सारे लम्हे—
जब उसने उसे
प्यार भरी नज़र से देखा था,
अनगिनत आधी-अधूरी कविताएँ,
और एक सुकून भरा स्पर्श।

सच का पहला घाव

फिर एक दिन लगा
कि मैं शायद सच में कमज़ोर ही हूँ।
उम्र भर जो झूठ खुद को दिलासा बनाकर सुनाए,
वो सब एक पल में धराशायी हो गए।

उसने मेरी परवरिश को तौल दिया,
मेरे मन की अच्छाई को भी खारिज कर दिया—
जैसे मैं कोई कहानी नहीं,
एक गलती हूँ जिसे सुधारा जा सकता है।

और सबसे हैरानी ये थी
कि ये ज़हर उसी ने घोला
जिसके लिए मैंने खुद को खो-खोकर प्यार किया था।

मैंने उसे इश्क़ दिया,
उसने मुझे आईना दिया—
और पहली बार मैं
अपनी ही आँखों में बिखर गई।

चुरायी हुई कविताएँ

एक ऐसी ही किसी शाम,
तुम्हारे कमरे की बालकनी से
बादलों के बीच झाँकता चाँद,
हम दोनों के बीच पसरा मौन,
और ज़ुल्फ़ों में उलझते तुम्हारे हाथ—

तेरी ख़ुशबू में सिमटते हम...
जाने क्या ज़्यादा प्यारा था—
वो पल, वो चाँद
या तुम?
हम आज तक नहीं जानते।

पर तुमसे हर मुलाक़ात में
प्रेम की एक नयी कविता
चुरा ले जाना—
अब भी उतना ही सुखद है।

टूटते लम्हों का शोर

बिछड़ना...
जैसे पतझड़ में पत्तियों का
पेड़ से बिछड़ना।

बिछड़ना...
जैसे स्कूल के पहले दिन
बच्चे का माँ से बिछड़ना।

जैसे पर्वतों की गोद से
नदियों का उतर जाना,
या माला टूटने पर
मोतियों का धागे से बिखर जाना।

बिछड़ना...
जैसे शब्दों के बाग़ से
किसी प्रिय शब्द का छूट जाना—
वैसा ही है
तुम्हारा और मेरा
बिछड़ना।

चाँद से झगड़ा

चलो, आज चाँद से झगड़ते हैं
ये अक्सर ताने देता है
कि मैं कितना अकेला हूँ

अरे, कोई इसे समझाए
ये तो कवियों का चहेता है
कितनी प्रेमिकाएँ
अपने प्रेमी से पहले
इसे ही पूज चुकी हैं

कितनी सुहागिनों ने
तुम्हारे नखरों को सहकर
अपना हलक सुखा कर
बस तुम्हारा इंतज़ार किया है

तुम बादलों संग
लुकाछिपी खेलते रहे,
कभी घटे, कभी बढ़े
पर दिलों में तो
हमेशा पूरे ही रहे।

राख होतीं यादें

वो ज़रा सा हाथ जल जाने पर,
तुम्हारी नाराज़गी मुझे याद है।
जाने कैसे काम करती हो—
कहते हुए देर तलक़
मेरा हाथ थामे रहना।

नाराज़गी में फ़िक्र भी कितनी प्यारी थी...
अब, जब पल-पल राख़ होती जा रही हूँ,
तुमने जाना चुना।

सुनो!
अब रसोई में जलती हूँ,
छाला दुखता नहीं है...
क्योंकि तुम नहीं हो,
न हाथ थामने के लिए।

अक्टूबर की यादें

अक्टूबर की बारिश,
मिट्टी से उठती सौंधी महक,
चाय की तलब, लेकिन
कॉफ़ी का मग लेकर
अनमने ढंग से बरामदे में
चहलक़दमी करते हुए,

सुनते ही तुम्हारी आवाज़,
ख़ुशी से पलट जाती हूँ—

शायद तुम्हारा चेहरा दिख जाए,
मगर तुम्हें पुकारकर
छुप जाना ही भाता है।

दिनचर्या

सवेरे रसोई में उठती
चाय की महक,
मसालों की सौंधी ख़ुशबू के बीच
दाल में लगता तड़का—
वो भागती-सी नज़र आती है।

कभी घड़ी पर नज़र जमाती,
फिर तेज़ी से काम में रम जाती—
कहीं आज लेट न हो जाए।
टाइम से लड़ती-सी, झगड़ती-सी वो
बस एक बात नहीं भूलती...
तुम्हें सुनना।

तुम्हारी नज़्में उसके साथ रहती हैं,
उसे कभी अकेला नहीं होने देतीं।

प्रतिबिंब

नहीं जानती
कैसी दिखती हूँ
तुम्हारी नज़रों में।

पर जब भी
तुम्हारी आँखों में
झाँककर ख़ुद को देखा,
मैं अपने आपको
और भी सुंदर लगी।

शायद ये नूर
तुम्हारे चेहरे का ही था,
जिसने मुझे
खूबसूरती का एहसास दिया।

अब तो हाल ये है
कि तुम्हारा ज़िक्र भर
मुझे निखार देता है।

ठहराव

इक अरसे बाद
सीने में अटक गई साँसें,
ज़ुबाँ पर लफ़्ज़ सिमट गए—
शिकायतों की पोटली
बँधी की बँधी रही।

नज़र झुकी रही,
और तुम...
मुझमें जाने क्या पढ़ते रहे।

बस जाते-जाते इतना कहा—
"आओ, मिल तो लो।"

पहली दफ़ा
धड़कन इतनी तेज़ थी
कि मैंने कह दिया—
"अलविदा कह दो..."

पर तुमने न कहा।
प्रेम तुम्हारे पास ठहरा रहा,
और इंतज़ार
धीरे-धीरे लौट आया।

उंगलियों की नींद

उस आधी रात
तुम्हारी उँगलियाँ
मेरे हल्के-गीले बालों में
धीरे-धीरे उलझती रहीं।

तुम्हें याद है...
मैंने कहा था—
"ऐसा मत करो,
नींद आ जाएगी..."

और तुमने मुस्कुराकर
बस इतना कहा था—
"सो ही जाओ..."

खुलती-बंद होती आँखों में
जाने कितनी रातों की जागी
थकान भी थी, सुकून भी—
और एक मीठी-सी बेचैनी
जो पूरी रात फैल गई थी।

कोहरा

सर्दी के कोहरे में
लिपटे हुए शहर को
तुम्हारे साथ
बाल्कनी से देखना।

सुबह उठकर
चाय का प्याला हाथ में लेना,
बालों से गिरती बूँदों से
तुम्हें धीरे से जगाना।

तुम्हारा मुझे पास खींच लेना,
मेरा ना करते हुए भी
तुमसे लिपट जाना—

और फिर सुनना
सबसे मधुर संगीत...
तुम्हारी धड़कनों का।

सादगी

तुम्हें देखनी है न
एक ख़ूबसूरत सुबह—
सादगी में लिपटी,
बिना किसी साज-सज्जा के।

तुम्हारी ही राह पर
अपने प्रिय से बिछड़कर भी
मैं उसी मोड़ पर मिलूँगी,
पारिजात-सी बिखरी,
सँवरी हुई।

बस इतना है—
तुम्हें समय से जागना होगा।
तुम जानते ही हो,
एक वक़्त के बाद
सफ़ेद भी मटमैला हो जाता है।

सरलता का टूटना

ज़िंदगी में दुःख और सुख
आते-जाते रहते हैं...
पर क्या कभी
एक खनकती हुई आवाज़ को
सहमते देखा है?

क्या कभी
मुस्कुराते चेहरे की
उदास आँखें पढ़ी हैं?

तुम्हें सच में कभी नहीं लगा
कि एक सहज, सरल-सी लड़की
तुमसे मिलकर
कितनी कठोर हो गई?

किसी की आत्मा को दुखाना—
वो तो ईश्वर को
ठेस पहुँचाना है।

नासूर यादें

वो दर्द जो तुमसे मिला
वो रातें जो नींद को तरसीं
वो बातें जो घाव को नासूर बनातीं रहीं
वो आँखें जो रोना भूल गईं
वो वक़्त जो सबसे चुराकर तुम्हें दिया

तुम्हारी कसम
मैं चाहतीं हूँ भूला देना
मगर रह रहकर उठती है टीस
जो न भूलने की इजाज़त देती है
न ही तुम्हें माफ़ करने की!

धरती के गीत

दूर तक फैला नीला आसमान,
ख़ुशनुमा, गाते-लहराते पेड़,
बेसब्री से धरती को चूमती बारिशें,
ख़ुशबू से सराबोर हरसिंगार।

एक चुप सी 'प्रेम कथा',
हर शाम सूरज की विदाई की छटा,
ईश्वर के 'प्रेम' के गीत गाती ये धरती...

कितनी ख़ूबसूरत है ये दुनिया,
तो ईश्वर कितना ख़ूबसूरत होगा।

कॉफ़ी और तुम

मीठी सर्दी की शाम में,
झूले पर बैठ मुस्कुराती,
कभी छिपकर तुम्हें देखती,
कभी साड़ी सँभालती।

सुनकर तारीफ़ें अपनी,
थोड़ा और लजा जाती,
ज़िद करती कुछ और सुनने की,
'न' सुनकर मुँह फुलाती।

और फिर सब रफ़ा-दफ़ा हो जाता,
जब तुम्हारे हाथ की बनी कॉफ़ी
सामने आ जाती ।

मौन

तुम्हारे शब्दो के बाणों
से घायल होकर भी
उसने मौन चुना
इसलिए नही कि
उसे कहना नहीं आता

तुम्हे देखना तो दूर
तुम्हारी आवाज़ तक के लिए
हर दिन छटपटा कर रह जाना
फिर भी तुम्हारे लिए
शांत मन से प्रेम रचना

प्रेम जब इबादत बन जाता है
तो ईश्वर भी नतमस्तक हो जाते हैं।

भाग्य

ढलती हुई शामों में
वो अक्सर पढ़ती थी
उसकी हथेलियाँ
आड़ी टेढ़ी रेखाओं में
ढूँढती रहती थी अपना नाम
पागल ही थी शायद
नहीं जान पायी
कि तबाह उसी के हाथ होना था।

थपकी

कभी पढ़ना मेरी कविताएँ—
मिलूँगी तुम्हें टूटी, बिखरी सी,
कभी सँवरी, कभी भटकी सी,
पर तुम हमेशा खुद को सुंदर पाओगे।

कभी-कभी दिल करता है
ख़ुद की पीठ थपथपाने का,
कि इतनी ज़िल्लतों के बाद भी
मैंने कभी तुम्हें कोसा नहीं।

रख पाई ज़िंदा अपने प्रेम को,
अपनी कविताओं में।

तुम्हारे बायीं ओर

सुनो,
बेचैनी हुई
या सुकून आया?

तुम्हारी हर महफ़िल में
सबसे पहले आकर भी
सबसे आख़िर में
बैठने वाली लड़की

चुपचाप नज़र बचाकर
तुममें रम जाने वाली
आज गुम हुई
आज कहीं नहीं वो

मगर देखो धड़कती है
वहीं तुम्हारे बायीं ओर..!

अदृश्य

वो बिखरती है
वो सँवरती है
वो मनाती है
वो हार जाती है...

लेकिन एक दिन
जब तय करती है
ख़ुद को समेट लेने का
तुम उस दिन से डरना...

वो मिटा देती है
वो सारे निशां
जिसके सहारे
तुम उसे ढूँढ सकते थे।

आसपास

कहाँ चाहिए था
हर वक़्त का साथ—
बस एक तसल्ली कि
तुम नज़र आओ या न आओ,
बस हो मेरे आस-पास,
मेरे दुःख-सुख में।

दो-चार क़दम साथ चलने के बहाने,
पनपती रहें कविताएँ,
भले ही बीच में खामोशी रहे,
या अचानक तुम्हारी कोई चिट्ठी
जिसे पाकर जी भरकर इतराऊँ।

कि कहीं, मैं हूँ
तेरे ख़यालों में आज भी ज़िंदा।

जुगनू का आसरा

तुम देते हो मुझे
एक तिनका भी रौशनी का,
मैं उसे समेटकर
फिर चल पड़ती हूँ।

जिसे दिखाए तुमने
सुनहले, रौशन ख़्वाब,
उसे छोड़कर चले गए तुम,
एक जुगनू के आसरे।

उस जलते-बुझते जीव की
टिमटिमाती रौशनी में भी,
अपने इश्क़ को बचाए रखना—
इश्क़ है।

साझा सुख - दुःख

फिर गूंज़ेंगे गीत मुहब्बत के...
तुम्हारी पायल की रुनझुन से
निकलेंगी कविताएँ,
चाय में घुलती चीनी की तरह,
बस जायेंगी मेरे हृदय पटल पर।

जब तुम लौटकर आओगी शाम को,
मिलूँगा तुम्हें मुस्कुराता, दहलीज़ पर,
बाँट लेंगे हर सुख-दुःख आधा-आधा,
हम दोनों—"हमारे घर में।"

नीली मुस्कान

एक रात बसी है मुझमें...
तुम्हारे स्पर्श की,
तुम्हारे कंधे पर सर रखकर सुनी गई नज़्मों की,
तुम्हारी नीली मुस्कान की,
प्रेम की पहली उड़ान की।

उन निशानों की,
जो देह पर नहीं,
आत्मा पर छूट गए,
सब टाँक देना चाहती हूँ
अमावस की रात में—
ताकि तुम उन्हें पढ़ सको।

मन की गिरहें

जाने किस उधेड़बुन में
रहता है अब वो अक्सर–
पहले कह देता था
मन की सारी बातें,
अब चुप-चुप सा रहता है।

कभी देखा नहीं था उसे
मंदिर की देहरी पर,
अब वहीं मिल जाता है–
चुपचाप, गुमसुम,
कुछ लिखता हुआ फूलों पर...

वो गुलमोहर-सा लड़का,
अब रंगों में भी
अपना दुख छुपाता है।

पहली सी नहीं, फिर भी पहली

वो हमारी पहली मुलाक़ात तो नहीं थी,
पर कुछ ऐसा था उसमें
कि आज तक ज़ेहन में यूँ क़ैद है
जैसे अभी-अभी तुमसे मिलकर आई हूँ।

एक-दूजे के लिए
हज़ारों सवाल, हज़ार हैरानियाँ लिए हम—
बातों में ऐसे खोए
कि वक़्त ने आकर भी
दस्तक देना ज़रूरी नहीं समझा।

सच कहूँ, तुम्हें ढंग से देख भी न पाई,
बस इतना महसूस हुआ
कि तुम इतने क़रीब थे
मानो कोई सपना
धीमे से साँसों में उतर आया हो।
वो एहसास...
जिसका इंतज़ार उम्र-भर सा लगता था,
आख़िरकार
मेरे दिल की देहरी पर आ खड़ा हुआ।

और फिर—

जब लौटने का वक़्त आया,
तुम्हारा धीमे से पूछना,
"गले लगोगी... या नहीं?"
बस उसी पल
मैं सिमट गई थी तुममें—
जैसे दुनिया की भीड़ में
अपना घर मिल गया हो।

थोड़ा वो, थोड़ा मैं

हम कैसे मान भी लें ये
कि दिल सिर्फ़ मेरा टूटा है,
हम ही सच्चे थे इश्क़ में
और यार ही मेरा झूठा है।

क्या पता—वो भी छिपकर
तस्वीरों में खोया होगा,
घर से निकला होगा तो
अकेले चलकर रोया होगा।

तारों से की होंगी बातें
तभी कहीं जाकर सोया होगा...!

तुमसे भरी तन्हाई

मुलाक़ात की जगहों से भी
इतना प्यार हो जाता है
कि वहाँ अकेले बैठकर
घंटों बिता देती हूँ...

कभी जूड़ा बाँध लेती हूँ,
कभी पैरों के काले धागे से उलझ जाती हूँ...
जैसे अभी तुम आ जाओगे
और कहोगे—
"खुले बालों में अच्छी लगती हो..."
और एक उँगली से
उन्हें फिर से आज़ाद कर दोगे।

पर सच तो ये है—
अब वहाँ सिर्फ़ मैं बैठती हूँ,
और तुमसे जुड़ी हर आदत,
हर बात...
ख़ामोशी बनकर
मेरे पास बैठ जाती है।

कभी लगता है—
अगर तुम लौट भी आओ

तो क्या हम वैसे मिल पाएँगे?
या फिर बस यादें ही
अपनी जगह पर
हमेशा की तरह
वक़्त काटती रहेंगी...

जहाँ तुम थे

मैं एहतियातन नहीं मुड़ती
उस गली की तरफ़—
जहाँ से उठते हैं
तुम्हारी यादों के बवंडर...

इस जगह के बारे में
बस इतना याद है मुझे—
कि तुम्हारा हाथ थामकर
यहीं मैंने
एक पूरी जीवन-यात्रा पूरी की।

कल का डर

प्यार की बातें करने से
डरने लगी हूँ अब...
कोई आकर कहता है
कि वो प्यार में है–

तो मैं उसके आने वाले कल को
अपनी आँखों की नमी में देख लेती हूँ।
फिर भी लब नहीं कह पाते–
मत चलो उस राह पर...

रोक लेना चाहती हूँ,
पर फिर ठहरकर सोचती हूँ–
यही तो इम्तिहान है,
कि कोई कितना दर्द
सह सकता है।

यादों की अलमारी

तुम न सही,
पर तुम्हारी कुछ चीज़ें
आज भी सम्भाल रखी हैं—

तुम्हारी दी हुई किताबें,
तुम्हारी बिसलेरी की बोतल,
तुम्हारी टी-शर्ट,
तुम्हारी ग़ज़लें,
और तुम्हारी आवाज़ में भेजा
वो पहला गीत...

और हाँ—
मेरे माथे पर रखा
तुम्हारा पहला चुंबन भी।

अधूरा ख़त

चाहती हूँ—
एक दिन मन की जमी काई को ख़ुरचकर
तुम्हें एक लंबा-सा पत्र लिखूँ...

मगर जैसे ही पहला शब्द उतरने लगता है,
मुझे याद आ जाती हैं तुम्हारी आँखें—
वो आँखें जो चमक उठती थीं
ख़ुद को मेरे सुंदर शब्दों में ढलता देख।

प्रेम के इत्र में भीगे
वे सुकोमल शब्द—
जो तुमसे शुरू होकर
तुम पर ही आकर रुक जाते थे।

यक़ीनन...
मुझसे तुम्हारे ख़िलाफ़
आज भी लिखा नहीं जाएगा।

सजनी बिन साज

इक तेरे आने की ख़ुशी में—
न महावर रचाई गई,
न मेहँदी सजाई गई,
न फूल आए,
न रंगोली बनाई गई...

नीली चुनर भी
सितारों वाली
आज नहीं ओढ़ी गई।

पर नूर तो बरस ही रहा था—
अरसे बाद
उसके चेहरे पर...

आँखों में छलकते जुगनू
उसे और भी
रौशन कर रहे थे...

तुम्हारी जगह

तुम्हारे जाने के बाद
एक वक़्त तक
कितने ही अनकहे सवालों में
उलझी रही मैं...

फिर धीरे-धीरे
किताबों ने ज़िंदगी में
तुम्हारी जगह ले ली।

जानते हो—
ये बिना पूछे
हर सवाल का जवाब दे देती हैं,
ना कभी रूठती हैं,
ना ही मुरझाती हैं।

हर सफ़र में
मेरे साथ चलती हैं,
कभी दूर जाने को
कहती तक नहीं...
नींद में भी
सीने से लगकर
यूं ही सो जाती हैं ।

सादगी से बिछड़ना

ख़ुद बिखरकर भी,
किसी को समेट लेते हैं...

उसके टूटे पंखों में रंग भरकर
उसकी उड़ान पर मुग्ध होते हैं।

फ़िल्टर कॉफ़ी हो,
या उसकी कविताएँ—
घूँट घूँट उसका ज़ायक़ा लेते हैं।

उसे याद दिलाकर उसकी अहमियत,
कि तुम कितनी अद्भुत हो...

और फिर एक दिन,
सादगी से बिछड़ जाते हैं।
हाँ, कुछ पुरुष ऐसे भी होते हैं।

दराज़ों में सोयी किताबें

आज दराज़ से झाँकती तुम्हारी किताब
यूँ पुकार उठी– "अरे, मुझसे क्या नाराज़गी है तुम्हारी?"

मन ही मन मुस्कुरा कर कहती हूँ–
जब उस शख़्स को पूरा पढ़ लिया हो,
तो भला किसी किताब से कहाँ जी भरता है...

सुनो,
तुम्हारी वही किताब
हाथ में आते ही
जी भी भर आता है
और आँखें भी...
मगर अब
रोने का मन नहीं है।

दो पल की चाय

काम पर जातीं औरतें,
काम से लौटतीं औरतें—
उधेड़बुन में ही रहती हैं।

रसोई से लेकर
बच्चों के होमवर्क तक,
सब्ज़ी से लेकर
मेडिकल शॉप तक—
न जाने कितने चक्कर
मन ही मन काट लेती हैं।

तो क्या हुआ
अगर ठहर जाती हैं
किसी चाय की टपरी पर,
संग सहेलियों के
किस्से बुनते, ठहाके लगाते...
दरअसल,
वो चाय तो बस एक बहाना है;
वो खुद को
थोड़ा-सा वक़्त देना चाहती हैं।

दो पल जी लेती हैं...

और फिर चल पड़ती हैं
अपनी ज़िम्मेदारियों की ओर।

अंतिम हक़

आओ, कभी साथ बैठते हैं—
झूठी हँसी की चादर ओढ़कर।
अब शिकायतें भी क्या असर करेंगी,
बस इधर-उधर की बातें करेंगे।

माफ़ी का ज़िक्र मत करना,
उतना साहस ही नहीं बचा
कि सच में माफ़ कर पाऊँ।

हाँ, जाते वक़्त
पहले की तरह पूछ लेना—
"गले नहीं लगोगी क्या?"

और अगर मैं उठकर जाने लगूँ,
तो एक बार
रोक लेना...
अंतिम विदा को
इतना हक़ तो मिलना चाहिए, न?

दर्द की सिलाई

वो कहते हैं अक्सर—
"क्या लिख देती हो...
पढ़कर आँख नम हो जाती है।"

मैं बस मुस्कुराकर पूछती हूँ—
"कभी सोचा है
जिसने इन्हें बुना है,
उसने कितने आँसुओं से
इन्हें पिरोया होगा?

दो पहलू

खुश ऐसे दिखते हो तुम
जैसे कोई मनचला बच्चा
हथेलियों में भरता हो
बारिश की बूँदें...

और उदास ऐसे
जैसे उसके पास मनचाहा
क़ीमती नया खिलौना हो
लेकिन वो पुराने को याद करता हो...

तोहमत

वो जो कभी रुक नहीं पाये
तुम्हारी तोहमतों से भी
वो जो ख़ामोशी से चलते रहे
सौंधी मुस्कान लिए
वही प्रेमी हैं...

वो जो तंज कसते रहे
मुहब्बत पाकर भी
वो जो नज़र फेरते रहे
तुम्हारी आँखों की नमी से...
ये वहीं हैं, जिनसे प्रेम किया गया..!

लोरी

तुम्हारी मख़मली आवाज़...
सुंदर मुस्कान...
नर्म हथेलियाँ...
तुम्हारी जादुई बातें...

सब महफ़ूज़ रखी हैं
उन रातों के लिए
जब नींद नहीं आती।

ये सब
पिटारा खोलकर
मेरे इर्द-गिर्द बैठ जाती हैं।

फिर...
लोरी सुनते-सुनते
मैं सो जाती हूँ।

सिंदूरी शाम

कुछ सुंदर सिंदूरी शामें
आतीं थीं तुम्हारा रंग लेके।

चलते-चलते
हाथ थामकर
तुम्हारा अपने बायीं ओर कर देना–
मुझे हर पल एहसास कराना
कि तुम मेरे साथ
यूँ ही रहोगे।

मुझे सुनना,
बेहद सब्र से,
और कहना
अपने दिल की बातें।

अब शाम रोज़ आती है...
सिंदूरी भी होती है,
पर तुम्हारी बातों का रंग
कहीं खो गया है।

बिन मौसम का बसंत

बस यूँ ही
मुस्कुरा उठती हूँ,
जैसे बज रहा हो
कोई संगीत पार्श्व में।

हर काम
सुघड़ता से करती हूँ,
रसोई में भी
ज़ायका आ जाता है।

धड़कनें तेज चलती हैं,
गाल सुर्ख़ हो उठते हैं...

जब तुम थाम लेते हो,
मेरे लिए
वही मौसम...
बसंत है।

क़र्ज़

अपनी तारीफ़ सुनकर
तुम फिर इतरा उठोगे...

मेरी कहानी कौन सुनेगा?
कि इन कविताओं पर क़र्ज़ है—
मेरी जागती रातों का,
मेरी अनकही बातों का,
लोगों के तानों का,
शब्दों के बाणों का।

यूँ तो भुला भी देते हम
जो इस भीड़ में शामिल—
तुम न होते।

चुभन

कोरों पर पलकों की
आकर जो ठहर गया,
वो दर्द बस
चुपचाप सहा गया।

काश... कह दिया जाता—
मगर किससे?
तुम मौजूद ही नहीं थे न।

वक़्त पर
दर्द न कह पाने की टीस
सिर्फ़ उसी के हिस्से आयी,
जिसे प्रेम चाहिए था...

और तुम्हारे हिस्से?
प्रेम आया—
प्रेयसियों का।

स्याह हथेली

मैंने देखा था उसे बिखरते,
तिनका-तिनका...
तुमने ख्याल न किया होगा।

तुम रंगों में खोए रहे,
उसे सतरंगी ख्वाब दिखा-कर।
वो रोज़ समेटती रही,
सजती-सजाती रही...

तुम उसके ख्यालों की रंगोली
रौंदते आगे बढ़ते रहे।
अचरज भरी निगाह से देखती कभी,
झुककर एक मुट्ठी रंग उठाती कभी।

जब हाथ खोला,
तो स्याह रंग था हथेली का।
अब नहीं था हक़ उसे
कि लकीरों में भी तुम्हें देखे।

और फिर, चुपचाप,
उसने अपनी दुनिया के टुकड़े समेटे,
सपनों की रंगोली में दर्द छुपाए...

तुम आगे बढ़ते रहे,
और उसने अपने टूटे ख्वाबों को
अपने हाथों से सजाया।

मैं तुम्हें...

मैं तुम्हें फिर मिलूँगी
उसी गली के अंतिम छोर पर,
जहाँ तुमने पहली बार मेरा हाथ थामा था।

मैं तुम्हें फिर मिलूँगी
तुम्हारे घर के उस पिछले दरवाज़े पर,
जहाँ तुमने मुझे चुपके से गले लगाया था।

मैं तुम्हें फिर मिलूँगी
पार्क की उसी बेंच पर,
जहाँ तुमने मुझे सबसे छुपाया था।

मैं तुम्हें फिर मिलूँगी
तुम्हारे दफ़्तर की उस सामने वाली कुर्सी पर,
जहाँ चाय की प्यालियों में इश्क़ रंग लाया था।

मैं तुम्हें फिर मिलूँगी
उस सर्द रात के कोहरे में,
जहाँ चाँद की गवाही में ईश्वर मुस्कुराया था
मैं तुम्हें फिर मिलूँगी
किसी मासूम की आँखों में
जो मनचाहा खिलौना ना पाकर छटपटाया था

भूला हुआ गुलाब

मुझे यक़ीन था—
एक दिन तुम्हारी कविताओं में
हरसिंगार महकेगा।
एक दिन दिल में कसक उठेगी
भूले हुए गुलाब की।

एक न एक दिन
ऊब जाओगे
सुर्ख़ रंगों की चमक से।
एक दिन तुम्हारी नज़र में
दिखेगा इंतज़ार किसी के लिये।

किसी की पायल बज उठेगी,
तुम्हारी नज़्मों में
मुस्कुराने की तालीम होगी
एक उदास चेहरे को।
मैंने कहा था न,
एक दिन तुम्हें इश्क़ हो जाएगा।
उसकी हँसी और बातों में
तुम्हारी कविताएँ भीग जाएँगी।
आह, अक्तूबर!
तुम मुझे यूँ नहीं प्रिय हो...

पहला गीत

तुम्हारी आवाज़ में
वो पहला गीत,
जो तुमने मुझे भेजा था।
मैंने आज तक सम्भाल रखा
हाँ, सुनती नहीं हूँ,
और इसकी वजह भी
तुम जानते हो।

शायद हम प्रेम में
ऐसे ही बावले हैं,
या कहूँ—
ये दीवानगी ही भली लगती है।

वैसे, ये दीवानगी
तुम्हें भी कम तो नहीं भाती...
है न?

मज़बूत लड़के की नमी

जिससे बाँटती रही मैं
ज़िंदगी का हर मौसम, हर एहसास,
जो मेरे टूटे लम्हों को भी
अपनी बाँहों में रखकर
फिर से जीना सिखाता रहा...

जिसे समझती थी मैं
अपने प्यार का सबसे मज़बूत सिरा,
जिसकी हंसी में
मेरे लिए दुनिया की सारी राहत छिपी थी...

फिर उस ख़ूबसूरत शाम
जब हमारी धड़कनें
एक-दूसरे में घुल सी गईं—
वही मज़बूत-सा दिखने वाला लड़का
मेरे कंधे पर सिर रखकर
धीरे से...
रो दिया।

रंग जो तुमसे सँवरते हैं

साड़ी क्यूँ नहीं पहनती तुम?
पहना करो न...
बड़ी अच्छी लगती हो

जब ज़माने भर के बिखरे रंग
तुम्हारे पल्लू से
चुपके से जगह माँगते हैं,
और तुम उन्हें सहज ही
ओढ़ लेती हो।

अच्छी लगती हो
जब काले बिखरे बालों के बीच
अपना माथा सँवारकर
काली बिंदी सजाती हो;
लगता है जैसे रात
चाँद को अपने पास बुला रही हो।
अच्छी लगती हो
जब कमर पर झनकता कमरबंद
मानो दुनिया की सारी हलचल
तुम्हारी नाफ़ में सिमट आई हो।

अच्छी लगती हो

जब चाँदी की चूड़ियाँ
तुम्हारे हाथों में भरकर
धड़कनों की रफ़्तार
एक क़दम और बढ़ा देती हैं।
और बहुत अच्छी लगती हो
जब अपनी ज़ुल्फ़ों की
एक हल्की-सी झटकार से
पानी की बूँदें गिराती हो
तपती ज़ेठ की दोपहर में
अचानक उतर आई कोई
मीठी-सी बारिश लगती हो।

मुँहज़ुबानी

कितनी छोटी-छोटी बातें
अब तुम्हें याद नहीं रहीं—
घर की शक्कर ख़त्म हो गई,
स्टडी रूम की घड़ी में
नए सेल डालने हैं,
ऑफ़िस का ए॰सी॰
कब का रूठा पड़ा है,
और महीने का राशन...
किसे याद रहता है अब?

हाँ... मुझे भी बहुत कुछ
याद नहीं रहता,
फिर भी अजीब है—
इन सारी भूलों के बीच
एक ही चीज़
कभी नहीं भूलती—

तुम।
तुम मुझे
मुँहज़ुबानी याद हो।

मैं कहाँ खो गई

कैसे मिलूँ अब ख़ुद से मैं...
जब मुरझाया-सा चेहरा
अपनी ही रोशनी भूल बैठा हो,
नींद से बोझिल आँखें
हर सपने का दरवाज़ा
धीरे-धीरे बंद कर रही हों।

पैरों में जैसे
मन भर के पत्थर बंध गए हों,
और आइना भी
देखने से इंकार कर दे—
कह दे कि ये मैं नहीं।

कभी बैठकर सोचती हूँ
उन चेहरों के बारे में
जिनकी वजह से
इस दुनिया में मेरा वजूद है—
कैसे दिखाऊँ उन्हें
ये थका हुआ, टूटा हुआ रुप?

कैसे समझाऊँ
कि 'मैं वही लड़की हूँ'—

वही, जो पल भर में
सभी को हँसा दिया करती थी।

चाय और चुप्पी

किसी ख़ुशी के दिन की
शुरुआत करना भी
कितना कष्टकारी हो जाता है...

वही बोझिल स्मृतियाँ
हर सुबह
मुँह बाये खड़ी रहती हैं,
जिन्हें भुलाने की
हिम्मत भी नहीं होती
और सहने की
ताक़त भी नहीं बचती।

एक कप चाय
दो बार गरम करनी पड़ती है,
मानो पहला उबाल
सिर्फ़ दिल की थकान
पी गया हो।

चिड़ियों का चहकना भी
आजकल मधुर नहीं लगता,
हर आवाज़
अंदर के शोर में

और कुछ जोड़ देती है।

उफ़्फ़...

अब तुम
चले ही क्यूँ नहीं जाते ...?

अब और नहीं

तुम मुझे
काँटों से भरे वन में
अकेला छोड़कर
चले तो गए हो...

पर तुम्हारे कहे
आख़िरी शब्द
अब भी मेरी छाती में
शूल की तरह धँसे हैं—
हर साँस पर
नया घाव बना देते हुए।

फिर भी,
एक अजीब-सी जिद है
दिल के कोने में—
कि हाथ बढ़ाऊँ,
तुम्हें रोक लूँ,
थामकर वहीं
खड़ा कर दूँ तुम्हें।

मगर पाँव...
पाँव अब

चलने की गवाही नहीं देते।

अब नहीं चला जाता मुझसे।
अब और नहीं।

सुकून

उस दिन
बारिश इतनी तेज़ थी—
कि हर बूंद
हमारे भीतर की धड़कनों को
और तेज़ कर रही थी।

ड्राइविंग में परेशानी से
हम रुक गए थे
शनि मंदिर के सामने।

तुमने मुझसे कहा—
"तुम्हारे शहर में
कोई भी जगह नहीं
जहाँ मुझे चैन से
गले लगाया जा सके।"

और अचानक...
बिजली ग़ायब हो गई।

अंधेरी-सी घड़ी में
तुम्हें मिला चैन,
मुझे मिला सुकून—

और दोनों
एक साथ हो गए।

थकन

कहाँ से बात शुरु करूँगी
ये नहीं जानती...

हँस पड़ूँगी,
रो पड़ूँगी,
या झगड़ पड़ूँगी—
ये भी नहीं जानती।

पर शिकायतें...
बहुत करनी हैं तुमसे।

ना-ना,
नाराज़ नहीं हूँ अब...
बस, सब्र
कम हो चला है।

यादों का बस्ता

फिर इक शाम आएगी,
मेरा कोई जवाब न आएगा।

एक तड़प साथ लिए,
एक सितारा टूट जाएगा।

तुम लिखते रहना
इश्क़ की ग़ज़लें,
और उन्हें सुनने वाला...
मर जाएगा।

आँख तुम्हारी नम होगी,
मगर मुझे फिर भी
न सुकूँ आएगा।

तेरे साथ क़ाफ़िले होंगे, बेशक...
पर यादों का बस्ता
सिर्फ़ मेरे हिस्से आएगा।

डाकिया बनी कविताएँ

और एक दिन
तुम आ ही जाओगे—
मेरी कविताओं के सहारे।

हाँ, माना...
ये अभी थोड़ी
कच्ची-पक्की सी हैं,
शब्दों में अधूरापन है,
लय में थोड़ा डर।

मगर मुझे यक़ीन है—
तुम तक पहुँचने का
एक पुल
यही बना पाएँगी।

अंतर बस इतना होगा...
तुम्हें प्रेम हो जाएगा,
और मैं—
प्रेम
हार जाऊँगी।

पीले पन्ने

तुम्हारे लिए लिखा ख़त
आज साड़ी की तह से
निकलकर गिर पड़ा।

काफ़ी अरसा हुआ,
पन्ने पीले पड़ गए हैं।

सोचा...
तुम्हारे पते पर भेज दूँ।

लेकिन याद आया—
मैंने कहा था कि
तुम्हें इस ख़त के काबिल होना होगा।

और मैं नहीं चाहती
कि मेरे ख़त को भी
तुम्हारे पास पहुँचने का
दुःख हो।

सीप का मोती

वो समंदर,
जो बहुमूल्य ख़ज़ानों का रहस्य
अपने भीतर समेटे हुए है।

वो समंदर,
जो हर नदी को
अपने आग़ोश में भर लेता है।

वो समंदर,
जिसमें मिल जाना
नदी की नियति है।

वो समंदर,
जो सिर्फ़ समेटना जानता है,
फिर भी अपना दुःख
किसी से नहीं कहता।
तुम उस समंदर से भी
बेहद क़ीमती हो।

तुम...
प्रेम हो।

चंद लम्हे

सुनो...
चंद लम्हे
मुहब्बत के
उधार चाहिए तुमसे...

चाहो तो बदले में
रख लेना मेरी मुस्कान,
मेरे जुड़े में सजे
सफ़ेद फूल...

और जाते-जाते
छोड़ जाना ज़रा-सी
अपनी हथेलियों की ख़ुशबू
मेरी उँगलियों पर—
सदा... हमेशा के लिए।

पीली क़मीज़

तुम्हारी वो तस्वीर,
जो तुमसे खो गई थी
पीली क़मीज़ में मुस्काती हुई,

आज भी मेरे फ़ोन की गैलरी में
धीरे-धीरे साँस लेती है
उसे देखकर तुम पहले-सा
धड़कते हो मुझमें,
चेहरे की बदली पर
खिल जाती है धूप

कितना कुछ बदला,
पर उस तस्वीर की हँसी
अब भी उतनी ही ताज़ा है।
तस्वीरें ही शायद बेहतर होती हैं

वो बदलती नहीं,
हम धुंधले हो जाते हैं।

मत जाओ अभी

वो बातें करता यहाँ-वहाँ की
खो जाता अपनी ही दुनिया में कहीं
मैं उसकी हथेली थाम लेती,
मानो उसे लौट आने का रास्ता बता रही हूँ

वो मुस्काकर पूछता—
"जाऊँ अब मैं?"
और मैं जानबूझकर
उसकी हथेलियाँ थोड़ा और कसकर पकड़ लेती
मेरे लिए उँगलियों का अलग होना
प्रेम के छूटने जैसा था

स्पर्श में छिपी होती हैं
हमारी छोटी-छोटी इकाइयाँ—
अनकहे वाक्य,
धीमे धड़कते स्वीकार,
और वो अनुरोध जो होंठों पर नहीं आते
पर उँगलियाँ कह देती हैं।

हमारी हथेलियाँ...
एक-दूसरे की भाषा थीं।

दूरसंचार

जब फ़ोन पर बात करते वक़्त
तुमने पूछा– "कहाँ हो तुम?
लगता है मानो
कहीं दूर से आवाज़ आ रही है

मैं हँसकर कह देती– "दूर ही तो हूँ "
पर ये कहते हुए
अंदर से ही टूट जाता हूँ

दिल चाहता था कह दूँ–
पास ही हूँ... बस तुमसे छूटी हुई।

साज़ और आवाज़

सुनो...
तुम्हें याद है, उस बजरी वाली सड़क पर,
मेरी उँगलियों के बीच के फ़ासलों को
तुमने अपनी उँगलियों से ऐसे भर दिया था
कि हवा भी पार ना हो सके...

उसी चलते हुए क्षण में
तुमने अपनी एक नज़्म सुनाई थी—
और फिर मुस्कुराकर कहा था,
कि मेरी पायल की झंकार ही तुम्हारा साज़ है...

उस दिन लगा था,
प्रेम आवाज़ों से का ही नहीं,
स्पर्श का भी भूखा होता है।

हृदय संगीत

जब आँखें बंद कर
मैं तुम्हारी धड़कनों को महसूस करती हूँ
तो लगता है
जैसे दुनिया का सबसे सुंदर संगीत
मेरी ही देह में जन्म ले रहा हो

एक ऐसा सुर,
जो सिर्फ़ मुझे सुनाई देता है
और सिर्फ़ तुमसे आया है
मैं भीग जाना चाहतीं हूँ
सुरों के सागर में ... अनंतकाल के लिए।

डिजिटल इश्क़

तुम्हारे नाम का
वॉट्सऐप नोटिफ़िकेशन देखकर
आज भी दिल यूँ धड़क जाता है
जैसे किसी पुराने घाव पर
अचानक किसी ने हल्का-सा हाथ रख दिया हो।

जिन बादलों को
आँखों में छुपाए फिरती हूँ,
वे पलकों पर टिकते ही कहाँ हैं
तुम्हारी याद आते ही
बरस पड़ने को बेताब रहते हैं।

इसलिए...
ये आंसूँ तुम्हें ही मुबारक हों
मैंने अपने हिस्से की पीड़ा को

धीरे से उसमें बाँधकर
चुपचाप तुम्हारी ओर लौटा दिया है।

बतकहियाँ

वो शामें,
वो चाँद,
वो मुलाक़ातें,
वो बेंच
जहाँ वक्त भी ठहरा रहता था कुछ देर

वो उँगलियों का उलझ जाना
मानो दो कहानियाँ
एक ही पन्ने पर लिखी जा रही हों।

वो धड़कनों को
धीरे-धीरे सुनना,
जैसे कोई नई भाषा जन्म के रही हो

अब सब धुँधले पड़ गए हैं
जो तुम्हारी बतकहियों से रौशन थे।

प्रेम का स्वाद

तुम्हें याद करते हुए
जाने कितनी बार
सब्ज़ी जल जाती,
दूध उफनकर चूल्हे पर बह जाता
और मैं हर बार हैरान होकर सोचती
कि आखिर कितना घेर लेते हो तुम

पर सच कहूँ...
फिर तुझी में उलझ जाने से
इश्क़ है मुझे।
प्रेम का स्वाद तो ऐसे ही चखा जाता है।

ख़ालीपन

ख़ालीपन से भरे
ये शब्द... ये वक़्त...
दोनों जैसे मेरे पास आकर
थम तो जाते हैं,
पर भरते नहीं।

सोचती हूँ–
कहाँ से ले आऊँ
तुम्हारी वह खिलखिलाती हँसी,
जो मुझे हँसने पर मज़बूर कर दे

कहाँ ढूँढूँ
हमारी वह मीठी चुग़लियाँ,
जिनमें आधा सच,
आधा शरारत लेकिन
पूरा प्रेम छुपा रहता था
शायद इसलिए
ये शब्द भी आज
थोड़े खाली हो चले
क्योंकि उनमें तुम नहीं।

अंतर्नाद

तुम्हारे लिए ज़माने से लड़ जाए,
या तुम्हारे लिए
तुमसे ही लड़ जाए—
दोनों ही हालातों में
एक बात साफ़ है...
वो तुमसे बहुत मोहब्बत करता है।

पर उसकी मोहब्बत पर
कभी शक मत करना
जो हर पल
ख़ुद से ही लड़ रहा हो,
अपने मौन, अपनी उलझनों से
वो सचमुच
तुम्हें नहीं "तुममें" खोना चाहता है।

पार्क की बेंच

जानते हो, सबसे ख़ूबसूरत क्या है...
उस पुरानी-सी बेंच पर बैठकर
अतीत के पन्नों को
धीरे-धीरे पलटना—
चाहे तुम वहाँ हो या नहीं।

तो क्या हुआ
कि लब ख़ामोश हैं आज
दिल तो अभी भी
धड़क-धड़क कर
तुम्हारी चुग़लियाँ करता रहता है—

बेंच वही है,
हवा वही,
बस तुम्हारी हँसी की गूँज

थोड़ी हल्की हो गई है
तुम अब यहाँ नहीं आते हो क्या?

घर -वापसी

उस सूनी सड़क पर
उस ख़ाली पड़ी बेंच पर,
हथेलियों की नरमी में
मौसम की हल्की सी गर्मी में,

चाय के धुएँ में,
तेरे संग बाँटे उन कौरों में,
जुमे की ढलती शाम में
तेरे सुरों की टूटती-बनती तान में,

तेरी ही ख़ुशबू में सराबोर,
बस अभी-अभी घर लौटी हूँ
तुम्हें समेटकर,
अपने ही मन की तहों में ।

तुम्हारा घर

कोई सुबूत नहीं रख पायी
कि तुमसे मुहब्बत है
तुम्हारा शर्मसार हो जाना
मुझे कभी मंज़ूर नहीं हुआ...

जब-जब तुम्हें
मुझसे शिकायत करने की तलब लगे,
तो बस यूँ कर लेना
थोड़ी-सी फ़ुरसत में
मेरी कविताएँ पढ़ लेना
उनके हर लफ़्ज़ में
मैं तुम्हें ही कहती हूँ...

ये तुम्हारा ही घर है
यहाँ किसी और को
आने की इजाज़त नहीं।

दो घड़ी और

न जाओ...
मैं नहीं चाहती कि तुम जाओ
तुम्हें रोकने की वजह
आख़िर मैं कहाँ से लाऊँ?

मैं कुछ नहीं जानती
और सच कहूँ
जानना भी नहीं चाहती
पर इतना भर समझती हूँ कि
तुम्हें जाते हुए
मैं देख नहीं पाऊँगी...

रुको...
भले एक लम्हा ही सही
मैं अपने भीतर

तुम्हारी मौजूदगी
थोड़ी-सी और सँभाल लूँ।

सिर्फ़ तुम

जानते हो
तुम्हें खोजती हूँ
तुम्हारी कविताओं में
बार बार पढ़ती हूँ
हज़ार बार पढ़ती हूँ
कुछ कहा कुछ अनकहा
सब मिल जाता है
सच तो ये है
कि इन कविताओं के बहाने
तुम्हें जीना चाहतीं हूँ...
पर तुम सामने से जाते ही नहीं
और किताब पूरी होती नहीं।

स्पर्श का भूगोल

ये जो मेरी हथेलियों पर
आड़ी-टेढ़ी रेखाएँ खींचते हो...
दरअसल यह कोई शक्लभर लकीर नहीं,
एक नक़्शा है—
जहाँ मेरी देह नहीं,
मेरी आत्मा यात्रा करती है।

मेरे लिए ये स्पर्श
सिर्फ़ स्पर्श नहीं,
एक दिशा है
जहाँ मैं लौटती नहीं
ख़ुद को भटका हुआ पातीं हूँ।

दस्तख़त

प्रेमी का प्रेमिका के माथे पर रखा चुंबन
वह नर्म-सा हस्ताक्षर है,
जिससे प्रेम
देह से रूह तक
अपनी पूरी यात्रा करता है...

दो का पहाड़ा

तुम्हारे साथ गुज़रा
एक-एक लम्हा
दो के पहाड़े की तरह
रटा हुआ है—
इतना साफ़, इतना याद...

जहाँ तुम्हारे साथ
मीलों चलकर भी
कभी थकान नहीं आई
वहीं
ख़ाली बैठकर भी
दिल भारी हो जाता है
क्योंकि तुम वहाँ नहीं होते

अब मेरे लिए
इस पूरे शहर के
मायने सिर्फ़ तुम हो
सड़कें, चौराहे, रोशनियाँ, महफ़िलें
सब तुम्हारी ओर जाकर
रुक जाते हैं।

आत्मसम्मान

और फिर एक दिन
मैंने समेट लिए
वे सारे शब्द
जो कभी तुमसे बिखर गए थे—

सारा प्रेम
जो तुमने दिया,
और वे दुःख
जो हमेशा
सिर्फ़ मेरे हिस्से आए...

और हाँ—
समेट लिया
तुम्हारा दिया हुआ
वह तिरस्कार भी!

तेरे बिन

जाने कितने दिन बाद
हमने इन रास्तों को फिर से जिया
पहले पल लगा
मानो मेरा शहर बदल गया हो...

फिर ठहरकर महसूस किया
कि बदला कुछ भी नहीं है
सिर्फ़ तुम साथ नहीं हो।

भीड़ उतनी ही थी,
रास्ते उतने ही
हवा भी वैसी ही
फिर भी मैं
अनायास ढूँढती रही उन आँखों को
जो कभी भीड़ में मुझे ढूँढा करतीं थीं।

वो मेरा घर था

क्या मिटा दूँ–
तुम ही कहो, प्रिय?

वो एहसास
जो पहली बार
तुम्हारी वजह से जागे थे

वो बातें
जो दुनिया से नहीं
सिर्फ़ तुमसे कही थीं

वो दर्द
जो मैं किसी से नहीं
बस तुमसे बाँट पाई

वो आलिंगन
जिनमें मुझे
अपना पहला घर मिला

वो चुंबन
जो अब भी
मेरे होंठों पर धड़कते हैं

और वो समर्पण
जिसकी ख़ुशबू से
मेरी रुह
आज तक महकती है।

फूल सरीखी

वो फूल-सी लड़की...
जिसके पास रुतबा था
पर अपनापन नहीं
जिसके चारों ओर स्वप्न महल था
पर सीलन उसके हिस्से में लिखी रही।

कितना सहा होगा उसने
वो दर्द जिसे किसी ने देखा नहीं,
वो मौन जिसे किसी ने पूछा नहीं,
वो बेहिसाब आँसू
जो पिघलकर तकिये पर सूखते रहे

पर सबसे गहरा
सबसे अनवरत
सबसे अडिग जो उसके पास था
वो प्रतीक्षा ही थी।

प्रेम की क़ीमत

मेरे प्रेम ने मुझे झुकना सिखाया,
पर आत्मसम्मान की कीमत पर नहीं
तुम जहाँ औरों के संग मेरी भावनाएँ रौंदते रहे
मैं भीतर ही भीतर तड़पती रही
फिर भी लौटना कभी स्वीकार न किया

तुम मेरे बग़ैर ख़ुश रहे
क्योंकि तुम्हारे पास हमेशा विकल्प थे
और मैं अब तक बिखरी रही,
क्योंकि तुम मेरे लिए कोई विकल्प नहीं
एक अटल संकल्प थे

अब जो राहें अलग हुईं
तो दोष भी हवा की तरह हल्का है
तुम्हारे लिए यह बस गुज़र जाना था
मेरे लिए यह खुद को वापस पाना।

तेरी पनाह में

मेरे घर का हर कोना तुम्हारी ख़ुशबू पहचानता है
छत वाले झूले पर बैठकर
मैंने तुम्हारी सारी किताबें पढ़ीं
तुम्हारी नज़्में
मेरे भीतर नेशनल एंथम की तरह गूँजती रहीं

वो अख़बार
जो हर सुबह तुम्हारी कोई न कोई ख़बर लाते थे
आज भी अलमारी में महफ़ूज़ हैं
समय की धूल से ढँके हुए
पर दिल की याद से चमकते हुए

इस तरह
तुम्हें बचा रखा है मैंने
अपने ही भीतर कहीं
बहुत गहराई में।

सांवला रंग

आसमान वाला नीला
सूरजमुखी वाला पीला
सिंदूर का गहरा लाल
मेहंदी का महकता हरा

रंग तो दुनिया में अनगिनत थे
पर फिर एक दिन
मैंने तुम्हारा रंग ओढ़ लिया

तुम्हारा रंग ऐसा था
कि बस चढ़ गया दिल पर
और फिर कोई और रंग
भाया ही नहीं।

खोयी हुई हँसी

कभी मिलो...
उसी अंदाज़ में
उसी मुस्कुराहट के साथ
बातों में वही हल्की-सी शरारत लिए हुए

सड़क पार करते वक़्त
कभी फ़िक्रमंद होकर
तो कभी लापरवाही से
मेरा हाथ थाम लेना

फिर अपनी सारी अधूरी कहानियाँ
मेरे सामने खोल देना
और मेरा
पूरे सब्र से, पूरे मन से
तुम्हारी हर बात को सुनते रहना

फिर ऐसे समेट लेना
मुझे अपनी बाँहों में
जैसे किसी टूटे मौसम को
पनाह मिल जाये

सुनो...

एक अरसा हुआ
मैं हँसी नहीं।

तुम्हारी कमी का शोर

मेरी हर ख़ुशी
सबसे पहले
तुम्हें ही बतानी होती थी

मेरी हर उलझन
सबसे पहले
तुम्हारे ही समझने की आस रहती थी

अब ज़िन्दगी में कुछ भी हो जाए
तुमसे न कहना
तुम्हें न सुनाना
यक़ीन जानो
सबसे ज़्यादा यही खलता है।

तुम्हारी वही सूरत

सच्चाई
बची रहनी चाहिए
वही सच्चाई
जिसे देखकर
मैं तुम्हारे पीछे चली चली आयी थी

मैं तुम्हें
बस अच्छाइयों में लिखना चाहती हूँ
उन रोशन हिस्सों में
जहाँ तुम पूरे दिल से दिखते थे..
ख़ामियों की स्याही में नहीं

क्योंकि जो प्यार सच में था
वह तुम्हारी अच्छाईयों में ही था
और मैं आज भी..
उसी हिस्से में तुम्हें सँभालकर रखती हूँ।

ख्यालों की ज़िद

आसपास कितने ही लोग हों,
फिर भी चुपचाप बैठकर
उन सबसे अलग
तुम्हें लिखना
एक अनोखा-सा सुकून देता है

आँख बंद करते ही
दुनिया धुंधली पड़ जाती है
और तुम्हारे ज़िद्दी ख़्याल
लहरों की तरह
दिल पर उमड़ने लगते हैं

कहते हैं प्रेम
इंसान को बदल देता है
और सच मानो,
एक बातूनी लड़की को
इतना शांत कर दे
कि उसकी सारी आवाज़ें
सिर्फ़ एक नाम में सिमट जाएँ
हाँ, प्रेम ऐसा ही करता है।

कॉपीराइट

बातें ही तो आती थीं
तुम्हें बनानी
हर छोटी बात से कहानी गढ़ देना
तुम्हारी ही फ़ितरत थी

"तुम्हारा कॉपीराइट है मुझ पर" से लेकर
"तुम ग़लत हो" तक का सफ़र—
आसान तो कभी नहीं रहा होगा
हम दोनों जानते हैं

तुम कह सकती थे सब कुछ
कभी भी,
क्योंकि मैं थी वहाँ
सुनने के लिए, थामने के लिए
लेकिन "ठीक है... बताऊँगा" तक पहुँचने में
कितनी शामें पिघल गईं
हम ही जानते हैं

वक़्त था—जो कट गया।
पर यादें?
यादें तो वक्त के साथ
और भी ज़्यादा गाढ़ी होती जाती हैं

जैसे किसी पुराने कप में बची चाय का स्वाद
कम नहीं होता
बस परतें जमतीं जातीं हैं।

मौजूदगी

तुम कहते,
"तुम्हें यहाँ होना चाहिए"

मैं मुस्कुरा कर कहती
वहीं तो हूँ...
तुम्हारे बिल्कुल बायीं तरफ़

तुम हल्की हँसी में कहते
"मिल तो नहीं रही तुम "

तुम बस ठीक से देख नहीं पाए
मैं तो वहीं थी
कल भी
आज भी
और सदैव
तुम्हारी बायीं तरफ़

वहीं जहाँ दिल धड़कता है
वहीं जहाँ जगह कम होती है
पर मोहब्बत हमेशा जगह बना लेती है।

शगुन

उसने जाते-जाते
मेरी हथेलियाँ ख़ाली नहीं छोड़ीं
उन पर एक शगुन रख गया
कुछ अनमोल लम्हों का
जो उम्रभर मेरे दरवाज़े पर
हमसाये बनकर बैठे रहेंगे

रखा वो दर्द भी साथ में
जो पहले तो तड़पा गया
पर धीरे-धीरे
मेरी साँसों में हिम्मत बोता गया
अब अजीब लगता है
दर्द चाहे जितना भी आए
कम ही लगता है
जैसे मैं उससे
कई जन्म पुरानी पहचान रखती हूँ।

दर्द की चारदीवारी

अब क्या बचा है
अब क्या देखोगे?

दर्द उसकी आँखों में है
दर्द उसकी आवाज़ में
दर्द उसकी मुस्कान में
अब क़ैद है वह
दर्द की चारदीवारी में
जहाँ हर साँस
एक ठहरे हुए आहट की तरह गूंज़ती है

लेकिन तुम मिलोगे
तो किसी बेकार-सी बात पर भी
वह ज़ोर से हँस पड़ेगी
जैसे हँसी को
एक क्षण भर की राहत मिल गई हो

और फिर देर तलक
आकाश को ताकती रहेगी
जैसे वहाँ कहीं
उसके भीतर का टूटता हुआ ब्रह्मांड
थोड़ी-सी रोशनी तलाश रहा हो।

जाती हुई पीठ

मैंने तो हमेशा थामे रखा
तुम्हारा हाथ
हर टूटन, हर मौसम
हर अनकही तड़प के बीच

बस एक बार ही ज़िद की
"जाओ, अब नहीं रोकना "
और वो...
एक पल को भी नहीं ठिठका
जैसे इसी क्षण का
उसे उम्रभर से इंतज़ार था

अब हाल कुछ ऐसा है
कि नींद में भी मिल जाए
तो चेहरा नहीं दिखता
बस जाती हुई उसकी पीठ
धीरे-धीरे धुँधले अँधेरे में
गायब होती हुई।

डोर का दूसरा सिरा

मेरे प्रेम को ख़्याल रहा
सदैव तुम्हारे सम्मान का
तुम्हारे नाम के संशय लेकर
लोग अटकलें लगाते रहे
कभी ताना, कभी तिरछी नज़र
पर मैं टूटकर भी थामे रही
तुम्हारे विश्वास की डोर

उस डोर का
एक सिरा मेरे हाथ में था
और दूसरा
चुपचाप तुम्हारी हथेली में
तुम भी तो थाम सकते थे न?
थोड़ा-सा कसकर
थोड़ा-सा मेरे होने पर
यक़ीन करके...

पर तुमने उसे ढीला छोड़ दिया
इतना ढीला
कि डोर तो रही
लेकिन रिश्ता फिसल गया।

अंत या क्रमशः

इन आँखों में जितने शब्द हैं
सब तुम्हारे लिए ही हैं
तुम्हीं ने तो एक बार कहा था
इतना जान गई हो मुझे
कि प्रेम-ग्रंथ लिख दोगी

हाँ, लिख सकती हूँ
पर अब अटक गई हूँ
उस आख़िरी पृष्ठ पर
जहाँ अंत होना चाहिए,
या फिर शुरू होना चाहिए

तुम क्या कहोगे?
इस कहानी का अंत लिखूँ
या छोड़ दूँ इसे
उसी जगह
जहाँ दो अक्षर चुप खड़े हों..

अधिकार

तुम्हें मिले दुनिया की हर ख़ुशी
तुम घिरे रहो
अपनी पसंद के रंगों से

जो ख़्वाब तुमने देखे
उनसे भी कहीं ज़्यादा उजली
हक़ीक़तें तुम्हारे हिस्से आएँ

तुम पाओ वो सब
जिसके तुम सच में हक़दार हो
या शायद नहीं भी

बस...
तुम्हें मैं नहीं मिलूँगी
ये हक़ मैंने तुम्हें कभी दिया था
और अब
मैं ये हक़ तुमसे वापस लेती हूँ।

तुम्हारी आदतों में मैं

मेरी हर ज़िद को तुम पूरा करते रहे
कभी खुशी से
कभी हल्की-सी नाराज़गी के साथ

कुछ पसंद आ जाए मुझे,
तो प्राइस टैग देखकर
मेरे "न" कहने पर भी
उसे चुपचाप मेरे सामने रख देते थे

मेरी दवाइयों के वक़्त
अलार्म मेरी घड़ी में नहीं,
तुम्हारी घड़ी में बजता रहा

मेरी नादानियाँ
तुम अनजान बनकर
हमेशा अनदेखी करते रहे

बस एक बात ही नहीं कही कभी
कि मुझे तुमसे प्रेम है।

आख़िरी पत्थर

जाने की बेला में
शब्द बिखरने नहीं चाहिए
जैसे सूखी पत्तियों को
हवा बिना शोर उठाती है

हर मोहब्बत को मंज़िल मिले,
ज़रूरी नहीं
पर अलविदा यूँ हो
कि दर्द भी पानी-सा साफ़ लगे

तुम्हारे सामने शायद
रास्तों की भरमार हो,
पर उसके पास
सिर्फ़ तुम बचे हो
फिर जुदाई की ज़बान
इतनी तेज़ क्यों है?

वह तो तुमसे अलग होते ही
आधा रह गया था
थकते-थकते
आख़िर में तुम्हारे नाम की
साँस ही लेता रहा

तुम्हारे अंतिम अल्फ़ाज़
उसकी उम्र का सहारा भी बन सकते थे
या फिर वही शब्द
उसके भीतर गिरने वाला
सबसे भारी पत्थर भी।

प्रेम का प्रमाण

तुम प्रेम में हो
या प्रेम तुममें
इसका प्रमाण शब्दों में नहीं
उन क्षणों में मिलता है
जब कोई तुम्हारे सामने
दुख से भीगा हुआ आता है

उसकी साँसों में काँपती हूक को
तुम जितनी कोमलता से थाम लेते हो
उतनी ही गहराई से समझ में आता है
कि प्रेम कोई दावा नहीं
एक धड़कन है
जो दूसरे की पीड़ा सुन लेती है

किसी का प्रिय चला जाए
वापस आए या न आए
तुम उसका दुःख कम नहीं कर सकते
पर उसे अकेला पड़ने से ज़रूर बचा लेते हो
यही प्रेम का ज़िंदा होना है

किसी के आँसुओं को
नमी से फूल बना देना

किसी की अँधेरी राहों में
थोड़ी-सी रोशनी रोप देना
यही तुम्हारी इंसान होने की
सबसे सच्ची पहचान है

प्रेम वही है
जो टूटे को जोड़ने नहीं
टूटन को सुंदर करना जानता है।

एक बूँद का इश्क़

वो कहते हैं अपने प्रिय से अक्सर,
"तुम मेरे हो।"
पर इतने बड़े दावे
कोई कैसे कर सकता है?
दावा तो बस ख़ुद पर किया जाता है
कि मैं तुम्हारी हूँ

तुमने जो इश्क़ मुझे महसूस कराया,
वो एक क़तरे से भी कम था
पर उसी क़तरे ने
मेरी ज़िंदगी के हर ज़हर को
खामोशी से सोख लिया
जैसे किसी वैध की दवा हो

मैं आगे बढ़ती हूँ
क्योंकि जीवन जिया जा सकता है
सिर्फ़ एक बूँद इश्क़ से भी
पर तुम क्या जानो
उस एक बूँद में
सदियों की प्यास कैसे निभाई जाती है।

तस्वीर में क़ैद हम

आज भी जब मेरी नज़र
हमारी उस तस्वीर पर ठहरती है

तुम्हारी बेफ़िक्री में कही कोई बात
जैसे अभी भी कानों में उतरती है,
और मैं
तुम्हें एकटक देखते हुए
फिर से उसी पल में लौट जाती हूँ

वो तस्वीर सिर्फ़ तस्वीर नहीं
मेरी धड़कनों की पसंदीदा जगह है

उसे देखते ही
मैं फिर मुस्कुरा उठती हूँ
मानो कुछ पल को
ज़िंदगी वापस वही हो गई हो।

कॉफ़ी डेट

अक्सर जाकर बैठ जाती हूँ
उन्हीं जगहों पर
जो हमारी मुलाक़ातों की साक्षी रही

तुम साथ नहीं होते
पर कॉफ़ी मैं आज भी दो ही मँगवाती हूँ
अब तो कहना भी नहीं पड़ता,
वो ख़ुद ही मुस्कुराकर
दो कप रख देता है मेज़ पर

इस शहर ने बहुत पहचान दी है मुझे
बहुत रास्ते, बहुत लोग
लेकिन मेरे लिए
इस पूरे शहर का अर्थ
अब सिर्फ़ तुम हो।

जहाँ तुम खो गए

कभी-कभी
कुछ जगहों से गुज़रना
गुज़र जाने से भी ज़्यादा मुश्किल होता है

याद है तुम्हें
मैंने ही कहा था एक बार
कि अगर कभी हम साथ नहीं रहे
तो यही रास्ते
तुम्हें मेरी याद दिलाएँगे

ये तो मुझे
हर बार तुम तक लौटा लाते हैं
तुम्हें भी याद दिलाते होंगे, न?

या तुमने
रास्ते भी बदल दिए हैं...
कि कहीं कोई मोड़
तुम्हें मेरी ओर
फिर से न ले आए?

ये कश्मीर है

तुम्हारी यादों के
रंग-बिरंगे धागे
आज भी मेरे इर्द-गिर्द
धीमी चहलक़दमी करते हैं

खिड़की से झरता कोहरा
आकर अंगीठी को
शरारत से मुँह चिढ़ाता है,
और मैं ठिठुरते मौसम में
बस एक सवाल लिए बैठी हूँ

बताओ न
मैं कितना इश्क़ बुनूँ
कि एक पूरा दुशाला तैयार हो जाए?

ऐसा दुशाला
जिसे ओढ़कर तुम
दुनिया के हर फ़ैशन को झुठला दो
क्योंकि वो प्रेम से बुना होगा

थोड़ा जल्दी बताना
सर्दियाँ बढ़ चली हैं।

अनमोल

समंदर की लहरें
कभी अकेली नहीं लौटतीं
वे लौटते हुए
हमेशा कुछ न कुछ साथ ले आती हैं
सीपियाँ...
जिनसे जन्म लेते हैं
अनमोल मोती

वैसे ही लौटे हम भी
अलग-अलग दिशाओं में सही
पर एक-दूसरे का
थोड़ा-सा अंश लेकर।

हँसी में भीगी आँखें

तुमने देखा न—
उसके शहर में कुछ दिन ठहर कर
ज़िंदगी की उहापोह में
ख़ुद को रोज़-रोज़ खोती और फिर पाती
वही एक लड़की

कुछ कहते-कहते
अचानक चुप हो जाने वाली
फिर आसमान को ऐसे देखने वाली
जैसे वहाँ कोई जवाब छिपा हो

हँसते-हँसते
जिसकी आँखें एकाएक नम पड़ जाती हैं
और तुम्हारे पूछने पर
क्या हुआ?
बस कुछ नहीं
कहकर मुस्कान की ओट में
अपना सारा मौसम छुपा लेने वाली
एक लड़की

वो लड़की
जो अपने भीतर

पूरा एक शहर लिए फिरती है
जहाँ कुछ धुंध
कुछ रोशनी
कुछ टूटे रास्ते
और कुछ अनकहे नाम
अब भी जलते रहते हैं।

जहाँ प्रेम साँस लेता है

अपनी मर्ज़ी से
चुन लेना दूर रहना
कितना मुश्किल होता है, न?

फिर भी प्रेम
कहीं न कहीं तो बचा ही रहता है
गुम ही सही
पर तुमने उसे
अपनी तरह से सँभाल लिया

दर्द तो उनसे पूछो
जो अपने ही लोगों से छल खाते हैं
जिन्हें प्रेम में
पीड़ा मिली
तिरस्कार मिला
पर फिर भी उन्होंने
किसी को दोष नहीं दिया

क्योंकि कुछ लोग
इतने पवित्र होते हैं
कि टूट कर भी चुनते हैं

प्रेम से
प्रेम को जीवित रखना।

अधरों का चाँद

नज़्म क्या है?
तुम्हारी बातें
जो हर रोज़ मेरे भीतर
एक नई लय बुन देती हैं

और आँखें?
प्रेम की वे खिड़कियाँ,
जिनसे झाँककर
मैं अपनी पूरी दुनिया देख लेती हूँ

फूल क्या हैं?
बस वही समाँ
जो तुम्हारे आसपास होने के
ख़्याल मात्र से
महक उठता है।"

और मुस्कुराहट
वो तो मेरे अधरों का
तुम्हें देखते ही
धीरे-से चाँद बन जाना है।

छूटते हुए पल

तुम जाना चाहते हो न?
तो जाओ...

बस इतना कहना,
कि अपनी कही बातों पर
अब कोई अफ़सोस मत जताना।
न ये कहना कि
हम मिले ही क्यों
जब साथ रहना नहीं था।

ईश्वर बिना वजह
कुछ नहीं करते
हमारा मिलना भी
किसी गहरी वजह से ही था

मैं बस
तुम्हें जाते हुए
देख नहीं पा रही
इतना ही है।

वरना जो प्रेम है
वो बिना दुःख के कैसा?

और जो प्रेमी है
वो बिना सहने के कैसा?

जो जाना चाहते हैं
वे चले ही जाते हैं
बिना कुछ समेटे
बिना कुछ कहे

और जो ठहरे रहते हैं
वे प्रेम में नहीं
अपनी रूह में ठहरते हैं
क्योंकि वहीं किसी का नाम
धीरे-धीरे
जलता रहता है।

#मन_सा

अब नहीं रहती
सुबह जल्दी उठ जाने की हड़बड़ी
न ही बच्चों के
मनपसंद टिफ़िन बनाने की भागदौड़

बच्चों ने
अपने-अपने पंख पसार लिए हैं
उड़ानों की ओर बढ़ गए

घर अब इतना ख़ामोश हो गया है
कि बरसों से धूल सहेजे बैठी किताबें
खुद-ब-खुद
मुझसे बातें करने लगी हैं

कभी उन्हें पढ़ती हूँ
कभी शब्दों में कुछ लिख देती हूँ
कभी ग़ज़लें सुनती हूँ,
तो कभी थिरकने लगती हूँ
उसी पुराने बेफ़िक्र अंदाज़ में

शायद यही समय है
जो बरसों बाद

मेरी हथेलियों तक लौटा है
और मैं...
उसे थोड़ा-थोड़ा
खुद के लिए चुरा रही हूँ।

तेरी मेरी बातें

वो बात करता जा रहा था,
और मैं... बस उसे देखे जा रही थी

अचानक उसने पलटकर पूछा-
क्या देख रही थी?

मैं घबराकर बोली-
कुछ नहीं..मैं तो बस तुम्हें सुन रही थी

वो मुस्कराया-
अच्छा? तो बताओ, मैं क्या कह रहा था?

मैं -"आऽऽ..वो..
(वहाँ चुप्पी थी, जो सबसे ज़्यादा बोल रही थी)

अधूरी कविता

वो अक्सर भेज देती
अपने अनगढ़ शब्द,
उन्हें कविता समझ कर

वो मुस्कुराता, कहता
भाव अच्छे हैं
लेकिन अगर मैं लिखता,
तो ऐसे लिखता

सुधार देता मेरे शब्दों को,
गढ़ देता अद्भुत कविता।

अक्सर पूछता
कब तक साथ दोगी?
कहाँ मालूम था कि
साथ छोड़ने के लिए भी
साथ देना होगा

तुम गए ज़रूर
लेकिन मन के ख़ालीपन को
शब्दों से भर गए।

अटक जाती हूँ कहीं,
सोचती हूँ
तुम कैसे लिखते?
और कविता पूरी हो जाती है
मैं अधूरी रह जाती हूँ।

अंतिम कविता

जब तुम थे,
हर बात कविता थी।
जब तुम नहीं थे,
तुम्हारी याद कविता थी

अब याद भी छूट रही है
शब्द भी रूठ रहे हैं
इश्क़ का वो दिया
धीरे-धीरे बुझ रहा है
जैसे वो थक गया है
अपनी ही लौ से

मन अब शब्दों के सहारे नहीं,
सन्नाटे के कंधे पर टिकता है।
कभी तुम थे
तो मैं लिखती थी
अब तुम्हारे बिना
मेरे भीतर ही स्याही सूखती है

खिलखिलातीं बातें

मैं कभी सोचता हूँ उसे,
तो याद आता है
उसका संगीत से प्रेम,
गीत सुनने की ज़िद,
मैं कुछ गुनगुनाता तो
रख लेती मेरे कंधे पर सिर।

—
उसके लम्बे, काले गेसुओं में
उँगलियाँ फेरता तो लगता—
जैसे अँधेरा किसी धुन में बँध गया हो।
वो आँखें मूँदकर कहती—
"रहने दो... मत उलझाओ,
नींद घेर लेगी तो बातें रह जायेंगी

—
उसकी फूल-सी बातें,
अपने ही पाँव पर फ़िदा,
पाज़ेब को यूँ ही घुमाना।
अक्सर कहती थी मुझसे—
"ये नए-से गीत तुम पर नहीं जँचते,
तुम ग़ज़ल के लिए बने हो।"

मैं मुस्कराकर पूछता—
"तो क्या तुम मेरी ग़ज़ल बनोगी?"
वो हँस देती—
"तुम बातें न बनाओ,
आज मुझे कहोगे, कल किसी और को।"

मैं कहता—
"अब तो मैं बस तुम्हारा हूँ।"
उसकी आँखें चमक उठतीं,
फिर लिखकर भेज देती कविता।

—

मैं छेड़ते हुए कहता—
"एक दिन किताब लिखोगी तुम मुझ पर।"
वो चिढ़कर कहती—
"जाओ, नहीं लिखूँगी।"
और अगले ही पल
फिर खिलखिला उठती।

—

उसे सचमुच
नाराज़ होना आता ही नहीं।
सोचता हूँ—
कितनी पागल है ये लड़की ।

तेरी मेरी बातें

उसने पूछा – कितना प्यार करती हो मुझसे?
मैंने मुस्कुराकर कहा – तुम्हें क्या लगता है?
उसने जोर देकर कहा – सवाल मेरा है।
मैंने धीरे से कहा – सवाल तो वैसे भी तुम्हारा ही है।

****

www.ingramcontent.com/pod-product-compliance
Lightning Source LLC
LaVergne TN
LVHW060618051026
849519LV00002B/661
* 9 7 8 9 3 6 2 8 8 9 9 7 3 *